듣는 사람은 짧은 것만 기억한다

짧은 말이 무기가 된다

유게 **토루** 지음 | **김진연** 옮김

센시오

듣는 사람은 짧은 것만 기억한다. 짧게 말하라

나는 현직 카피라이터다. 제조업 분야를 중심으로 마케팅 문제를 해결하는 서비스를 제공해 왔는데, 2,200개사의 TV 광고부터 POP 광고에 이르기까지 기획, 카피라이팅을 담당하며 상대의 마음을 사로잡아 매출을 올리는 일을 해 왔다.

카피라이터는 눈앞에 없는 누군가를 설득하기 위해 말을 만든다. 그래서 내 버릇은 '여기에 없는 누군가'의 마음을 통찰하는 일이다. 과연 그들은 무엇을 소중하게 여길지, 그리고 무엇이 그들에게 가장 큰 목적으로 여겨질지를 고민한다. 나에게 '여기에 없는 누군가'란 잠재고객, 광고주의 결정권자, 프로젝트 책임자인 사내 디렉터였다. 그리고 지금은 이 책을 손에 들고 있는 당신이다.

나는 그동안 내 앞에 없는 사람들의 마음을 꿰뚫어내고 수많은 기업의 매출을 획기적으로 끌어올린 카피라이터로 인정받아

왔고 지금의 위치에 도달했다. 내가 만드는 짧은 말은 높은 확률로 잘 드는 무기가 되었다. 나에겐 확신이 있었고, 그간 갈고닦아온 말의 기술이 그걸 입증하고 있다.

짧은 말이라는 무기는 상대를 쓰러뜨리고 굴복시키는 흉기가 아니다. 당신이 상대와 함께 더 좋은 단계로 올라서게 해주는 아주 건설적인 소프트웨어 툴에 가깝다. 이 책을 통해 당신은 카피라이터의 말하기 기법을 배우는 셈이다.

그럼, 카피라이터처럼 짧게 말하는 건 구체적으로 어떤 효과가 있을까?

프레젠테이션, 상담, 스피치, 세일즈 토크를 보다 훌륭하게 하고 싶을 때뿐만 아니라 사무직 노동자의 생산성을 향상시켜야 한다는 과제에서도 짧게 말하는 건 막강한 해결책이 된다. 짧은 말의 힘은 비즈니스 영역에만 유효한 게 아니다. 프로 운동선수들이 자신의 한계를 기꺼이 뛰어넘도록 고무시켜주는 것 또한 짧은 하나의 문구다.

사실 짧은 말의 효과는 간단하다. 짧은 말로 전달하면 듣는 이는 말하는 이를 좋게 평가한다. 그리고 이어지는 말에도 귀를 기울인다. 말하는 이의 영향력은 그렇게 커진다.

그렇다면, 짧게 말하는 건 어떤 이들에게 필요할까?

· 사교모임에서 명함은 숱하게 교환했지만 연락 오는 곳이 없다.

- 전화로 대화를 길게 나눴는데 끊고 보니 기억에 남는 게 없다.
- 사내 회의가 길게 이어졌는데 결정된 것도 없이 다음 주 회의가 또 잡혔다.
- 고객사를 방문하여 제품 프레젠테이션을 열심히 했지만 거래를 성사시키지 못했다.
- 유튜브에 강연 콘텐츠를 찍어 올렸는데, 조회수는 두 자릿수이고 구독은 없다.

머릿속에 '시간 낭비!'라는 생각이 맴돌고 불쾌한 기분이 올라와 입맛만 쩝 다시게 된다. 퍽퍽한 고구마를 몇 개 집어 먹은 듯한 이런 답답한 상황은 어떻게 해결할 수 있을까?

핵심 없는 말을 길게 늘어놓는 사람은 주위 사람들의 시간을 훔치는 셈이다. 만약 당신이 일을 효율적으로 처리하려고 애쓰는데 자꾸만 야근을 하게 된다면, 분명 당신 주변에는 영양가 없는 연설을 늘어놓는 사람이 있을 것이다. 그리고 혹시, 당신 자신이 그런 사람은 아닌지 스스로를 조심히 들여다보자.

단지 '짧게 말하는 기술' 덕분에 성공했다

내가 지금 이렇게 잘난 듯 말하고 있지만, 사실 나는 정말로 말주변이 없는 사람이었다. 학생이었을 적부터 정말 그랬다. 직장인이 되니 정말 피할 수 없는 최후의 순간이 아니면 어지간해서는 발언을 하지 않는 그런 사람이 되어 있었다. 회의가 너무나 잘못된 방향으로 진행되고 있다는 생각이 든다거나 누군가가 잘못된 정보를 가지고 회의에서 당당하게 발언할 때에만 입을 열곤 했다. 그럴 때에도 최대한 간결하게 말하고 입을 닫아 버렸다.

그러자 상사들이 나를 이렇게 평가하기 시작했다. 늘 중요한 발언을 하는 사람. 당사자인 나로서는 쓴웃음만 나오지만 사실 바로 거기에서부터 내 커리어가 싹텄고 이 책도 나왔다.

좀 더 근원적인 이야기를 하자면, 나는 아주 낯가림이 심하고 소심한 아이였다. 지금은 나이를 먹을 만큼 먹은 아저씨가 되었는데도 여전히 낯가림이 심하고 소심하다. 명함을 교환하자는 말조차 선뜻 건네지 않는다.

그런데, 그런 성격을 가진 내가 카피라이터로 일하며 말을 만들어내고, 마케팅 컨설턴트로 일하며 하루가 멀다 하고 프레젠테이션을 하고, 기획회의 자리에서는 내가 낸 의견이 채택되어 매출이 반등된다. 어찌 보면 반전이다.

그간 강연을 하기 위해 단상에 오른 횟수가 600회를 넘겼다. 약 18,000명의 수강자들에게 나의 노하우를 전수해 온 셈이다.

사실 몇 년 전까지만 해도 그렇게 많은 사람들 앞에서 이야기를 하는 일은 잘차고 못하고를 떠나 내게 아수 먼 세계의 이야기였다.

강연자의 외모가 강연 청중 수에 영향을 미치는 건 엄연한 사실이다. 강연을 알리는 홍보물에 매력적인 사진을 싣는 것만으로 수강자 수가 크게 늘기도 한다. 하지만 아주 유감스럽게도 나에게는 해당되지 않는 얘기다. 강연자로 일하고 있는 한 여성 후배가 사람들이 자신을 화려한 외모만으로 판단할 때가 있다며 푸념하기에 나는 만약 내가 배우처럼 멋지게 생겼더라면 엄청난 영향력을 발휘하고 있을 거라고 농담한 적도 있다. 훌륭한 외모를 가진 것도 아닌 내가 어떻게 강연자로, 컨설턴트로 성공하고 책을 쓰며 살아가게 되었을까?

이 모든 건 카피라이터로 일하며 찾아낸 기술 덕분이다. 간단하다. 짧게 말하는 기술이다. 나는 광고 캐치프레이즈처럼 짧고, 인상적이고, 강한 문구를 사용해서 회의의 흐름을 내 쪽으로 가져오고, 반대의견을 봉쇄하고, 의사결정자의 마음을 사로잡으면서 여러 기획안을 통과시켜 왔다.

카피라이터처럼 말하는 비법, 아낌없이 공개한다

내게는 캐치프레이즈를 작성하는 나만의 방법이 있다. 문구를 만들 때 판단과 결정의 기준으로 사용하는 프레임워크도 있다.

다양한 관점들을 떠올릴 때 이용하는 양식도 있고 강렬한 인상을 남기는 단어들을 모아둔 리스트도 가지고 있다.

말주변 없는 나 자신을 보완하기 위해 이런 다양한 기법을 적극적으로 이용해 왔고 이것들을 바탕으로 예리하게 말하는 노하우를 갈고닦아 왔다.

이 책을 통해서 짧은 말이 지닌 엄청난 힘에 대해 당신에게 제대로 말해주고 싶다. 잘 다듬어진 캐치프레이즈까지는 아니어도 괜찮다. 말을 자세히 길게 하지 않고 짧게 하는 것만으로도 당신의 말에는 이전보다 강력한 힘이 모일 것이다. 그런데 말을 짧게 하는 걸 넘어 날카롭고 강하게까지 한다면 당신의 말은 정말 강력한 힘을 발휘할 것이라 장담한다.

당신의 말에 강력한 힘이 생긴다는 건 어떤 걸까? 당신이 사교 자리에 참석한 다음날, 당신에게 연락하는 사람의 수가 즉시 늘어날 것이다. 당신이 나누는 모든 대화가 유익하고 세련되어질 것이다. 회의에 참석하면 당신은 회의의 흐름을 분명히 당신 쪽으로 가져올 것이다. 프레젠테이션의 성공률은 대폭 향상될 것이며 당신의 유튜브 구독자가 드디어 늘기 시작할 것이다.

이 책 한 권을 쓰면서 나는 이른바 말 하나로 먹고살아 온 내가 그동안 쌓아 온 전략적 화법들을 모두 소개하기 위해 고심했고, 핵심 원칙들을 분별해냈다.

짧고 인상적인 말로 메시지를 전달하는 커뮤니케이션, 그리고 사람의 체온이 느껴지는 커뮤니케이션의 기술은 앞으로 AI 시대가 온다 해도 흔들림 없이 인간의 영역으로 남을 것이다. 이 책에 담긴 말하기 기술들, 커뮤니케이션 기술들을 활용해 '짧고 강력한 문구'를 직접 만들어 쓰고, 당신의 일과 인생을 확실한 성공으로 이끌어나가기를 바란다.

4장

총구를 정확히 겨누고
짧게 말한다

5장

짧게 말해도 고객의 지갑을
열 수 있다

6장

청중의 머릿속에
딱 한마디만 던져라

1장

짧은 말이
곧
돈이다

짧은 말 한마디가
사회생활과 일상생활을 바꿔준다

우리는 정보가 넘쳐나는 시대를 살고 있다. 즉 우리는 말이 넘쳐나는 시대를 살고 있는 것이다. 십 년, 이십 년 전을 떠올려 보자. 그때에 비하면 지금 여러분 주위에는 회사에서든 가족 안에서든 자신감 있게 말을 늘어놓을 줄 아는 사람의 수가 늘었을 것이다. 어디서든 과묵한 모습을 유지하는 이들이 아주 사라진 건 아닐 텐데 사실 이들 대부분은 어떤 자리에서 자기소개를 해야 한다든지 발언을 할 기회가 주어진다든지 하면 고삐가 탁 풀린 것처럼 갑자기 자유롭게 수다를 늘어놓곤 하는 사람들일 것이다.

내 주위에도 이런 사람들이 아주 많다. 1분 혹은 3분과 같은 시간제한이 있는 상황인데도 아랑곳하지 않고 5분 이상을 내리 이야기해버리는 사람들 말이다. 이들의 말을 꾹 참고 듣고 있자면 '음, 저 사람 일을 못하는 사람일 것 같아'라는 부정적인 인상이 불끈 솟아오르고 만다. 그렇다면 생각해 보자. 우리는 이제껏 어떤 모습이었을까?

듣는 이의 입장에 대해 생각해 보자. 누구도 긴 말을 기대하지 않는다. 더군다나 우리는 짧게 편집된 정보들에 익숙해져 있다. 텔레비전 프로그램도, 유튜브 동영상도 마찬가지다. 우리가 노출되어 있는 영상 대부분은 원본이 아니다. 엄청난 편집과 삭제의 결과물이다.

자, 이쯤에서 잠시 상상해 보자. 주위사람 중에서 평소에 거의 말을 하지 않아 골치를 아프게 하는 사람을 하나 떠올려 보자. 혹은 너무나도 수다스러웠던 사람을 한 명 떠올려 보자. 그리고 그가 어느 날부터는 대화나 회의 자리에서 이야기의 흐름을 제대로 파악하고 아주 좋은 타이밍을 잡아 짧고 강력한 말을 날리기 시작한다고 상상해 보자. 다른 사람의 말에 확실히 귀를 기울이고 맥락에 적합한 말을 그때그때 던지는 사람이 되었다고 상상해 보자. 그런 뒤 시간이 조금 흐르면 그는 모든 사람들로부터 좋은 평가를 받기 시작할 것이다. 이렇게만 된다면 그의 사회생활과 일상생활은 얼마나 크게 전환될까?

게다가 그의 짧고 강력한 말들은 이전처럼 순간적으로 증발되어버리지 않고 누적될 것이다. 그래서 또 다른 결과들을 가져올 것이다. 게다가 그 짧고 강력한 말의 저변에 있는 특별한 사고력 또한 누적되고 강화되어서 그에게는 지금까지와는 전혀 다른 인생의 특별한 가능성의 문이 열리기 시작할 것이다. 자, 이제 이것을 우리 자신의 일이라 생각해 보자. 이것이 여러분의 아주 가까운 미래다.

이 글을 쓰고 있는 나는 낯가림이 심하고 분위기도 읽지 못하는 사람이었다. 그랬던 내가 숱한 실패 속에서 도출해낸 기법들에 대해 이야기해주고자 한다. 캐치프레이즈를 만드는 기법들을 바탕으로 짧고 강력한 문구, 즉 파워 프레이즈를 창작해내는 노하우에 대해 이야기해 보겠다.

여기에서 특히 강조해 말하고 싶은 것 한 가지를 뽑자면 이거다. 말을 한다는 것은 무엇을 전제로 하는 일인가? 이것이 말할 내용의 본질을 제대로 추출하는 일의 기본이다. 지금부터 나와 함께 차근차근 생각해 보도록 하자.

01

짧은 말
전성시대 돌입

나는 캐치프레이즈를 만드는 방법에 관한 세미나를 매년 진행하고 있다. 주제는 "캐치프레이즈는 말장난이 아니다. 세일즈 포인트를 찾아내라"였다. 그런데 내가 강연을 시작한 지 얼마 되지 않았던 어느 날, 세미나가 끝난 뒤 한 참가자가 던진 질문에 크게 놀란 일이 있었다. 그는 나에게 말했다. "결국 세일즈 포인트는 아무래도 상관없다는 말씀이시죠?"

나는 놀란 마음을 가다듬고 다시 한번 설명했다. "아닙니다! 세일즈 포인트가 제일 중요하죠!" 그를 보낸 뒤 나는 생각에 잠겼다. 대체 왜 내 메시지가 제대로 전달되지 않았던 걸까?

말이 길어질수록 포인트가 흐려진다. 게다가 듣는 사람이 많으면 청중들이 가지고 있는 이해능력의 범주도 넓다. 말을 길게 하다 보면 아무래도 "~지만", "~한데" 같은 말이 자주 끼어들게 되는데 그러면 듣는 쪽에서는 '그래서 결국 앞뒤 내용 중에서 어떤 것이 좋다는 거지?'라며 자주 헷갈리게 된다.

시간이 곧 가치라고들 말한다. 커뮤니케이션에 있어서도 사람들은 시간 단축을 원한다. 그러니 짧게 말하는 습관이 필요하다. 필요한 이야기를 짧게 전달하면 말하는 쪽도 듣는 쪽도 시간을 절약할 수 있다.

길게 이야기하면 상대방은 보통 제대로 들어주지 않는다. 그리고 포인트가 무엇인지 파악하기를 어려워한다. 이렇게 상대가 제대로 들어주지 않는다면 말을 하지 않은 것과 같다.

짧은 말은 분명
당신의 삶을 업그레이드해준다

말의 길이가 과연 어느 정도 되어야 짧은 말이라 할 수 있을까? 나는 단숨에 이야기할 수 있는 3~5초 정도 길이의 말을 짧은 말이라 부른다. 글자 수로는 열 글자 정도를 떠올리면 될 것이다.

단번에 이야기할 수 있는 한 개의 문구라면 말을 할 때 일단 막힘없이 침착하게 뱉을 수 있다. 문구가 짧으면 선택할 단어도 한정된 단 몇 개에 불과하다. 말이 길어지면 말하는 이는 자신의 이야기에 빠져들게 된다. 굳이 하지 않아도 되는 이야기까지 늘어놓게 되고 타인에게 상처를 줄 수 있는 이야기까지 함부로 쏟아내게 된다.

현대는 누구에게나 큐레이터 같은 편집 능력이 요구되는 시대다. 우리에게 필요한 것은 무엇일까. 바로 요약의 기술, 본질을 추출해내는 능력이다. 본질을 꿰뚫고 있어야 타인을 움직일 수 있다. 본질을 꿰뚫는 사고에 우리 뇌를 단련시켜야 하는 이유다.

쓸데없는 말을 모두 잘라낸 짧은 문구는 거의 모든 곳에서 효과를 발휘하지만 특히 인터넷에서 파격적인 효과를 발휘한다. 짧은 키워드를 잘 뽑아내서 해시태그를 붙여야 인터넷에서 콘텐츠가 확산된다. 해시태그 자체가 확산되기도 한다.

트위터는 오랫동안 영향력을 유지해 왔는데 그것을 뒷받침해 온 몇 가지 요인 중에서 가장 막강했던 것은 한 번의 업로드에 140자 정도만 올릴 수 있었던 그 길이의 제한성 아닐까? 길이의 제한성은 다음과 같은 역동적인 반응 사이클을 만들어냈다. "짧게 써야 한다" → "짧은 글은 나도 쓸 수 있다" → "짧으니까 많이 읽힌다" → "짧은 글을 더 자주 쓴다"

미국 샌디에이고 주립 대학교(San Diego State University)의 진 트웬지(Jean M. Twenge) 교수는 1995년 이후에 태어나 사춘기 시절부터 스마트폰을 손에 쥐고 성장한 세대를 'i세대'라고 이름 붙였다. 트웬지 교수에 따르면 i세대는 인터넷을 통한 커뮤니케이션에 긴 시간을 들여왔기 때문에 말에 굉장히 민감하며 물리적인 위협보다도 언어적 위협에 큰 공포를 느낀다고 한다.

또한 한 유명한 서평가가 말하길 자신이 서평 공유 사이트에 몇 년에 걸쳐 서평을 꾸준히 올려 왔는데 클릭 수가 굉장히 높아지기 시작한 어떤 한 시점이 있었다고 한다. 그건 글의 가장 앞부분에 100자 요약을 넣기 시작했을 때부터였다고 한다.

SNS, 메일에서도 모두 마찬가지다. 메일의 오픈율은 제목을 얼마나 압축적으로 붙였는지에 따라 엄청난 차이를 보인다.

누가 어떤 말을 하든 기본적으로 말에는 크고 작은 힘이 있다. 그런데 말이 지닌 영향력과 파급력이 이렇게 컸던 시대가 없다. 검색 키워드의 파급력에 대해 생각해 보자. 입소문을 전하는 매체의 수와 종류가 엄청나게 증가했다는 점에 대해 생각해 보자. 그러니 당신이 말할 문구를 스스로 갈고닦는 일은 당신의 삶을 분명 발전시킨다.

짧게 말하는 사람이 선택받는다

인상적인 짧은 문구를 던지고 듣는 이로 하여금 '그 다음 이야기가 궁금하다'라는 생각을 하게 만들어야 한다. 이렇게 하지 못하면 한발 앞으로 나아갈 기회는 사라지고 만다. 과장된 이야기가 아니다. 회사에서 프레젠테이션을 한다고 생각해 보라. 투자자들 앞에서 사업 아이디어를 설명하는 피칭 자리에 서 있다고 생각해 보라. 핵심을 콕 집어 전달할 수 있다면 대단한 기회들을 거머쥘 수 있다.

컨설팅이나 강연에서는 어떤가. 영업 현장에서는 어떤가. 다른 이들과 나의 차이를 보여줘야 한다. 인상적인 말을 던져야 한다.

회사 내부에서도 마찬가지다. 상사로부터 아낌을 받는 사람들, 후배로부터 존경을 받는 사람들은 대부분 발언을 제대로 하는 사람이다. 말을 질질 늘이지 않고 깔끔하게 한 줄로 이야기하는 사람이다. 업무회의에서 길게 발언하는 직원은 업무평가가 긍정적일 수도 있고 부정적일 수도 있지만 "부장님은 항상 바쁘시니 결과만 말씀드리도록 하겠습니다"라고 깔끔하게 말하는 직원은 절대로 무능하다는 평가가 뒤따르지 않는다. 센스 있는 직원으로 평가받고 오히려 상사가 궁금증을 가지며 질문을 던질 것이다. 그러니 짧게 말하지 않을 이유가 없다. 상대방의 시간을 단축시켜주자. 당신에 대한 평가가 높아질 것이다.

이미 우리는
짧은 말 속에 살고 있다

TV를 켜 보자. 라디오나 팟캐스트를 들어 보자. 유튜브를 살펴보

자. 콘텐츠가 뭐든 상관없다. 거의 모든 콘텐츠에서 짧은 말 만들기를 시도한다. 짧은 제목을 만들어 걸고, 내용을 소개하는 중에도 압축적인 핵심 문구를 제시하며 주의를 집중시키고 궁금증을 유발시킨다. 실상 모든 짧은 말이 대단한 에너지를 내뿜는 건 아니다. 하지만 그 콘텐츠 일부를 잠시 장악하기에는 대부분 부족함이 없을 것이다. 짧은 말 만들기는 방송에서뿐만 아니라 우리 생활 속 곳곳에서 시도되고 있다. 음식점에서 신메뉴를 소개하기 위해 내건 배너에도, 구청에서 캠페인을 소개하기 위해 붙인

길게 말하면 손해다

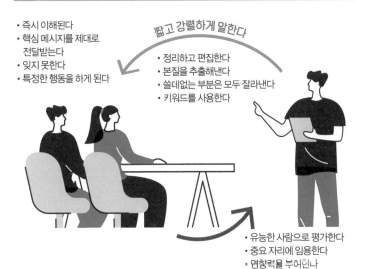

- 즉시 이해된다
- 핵심 메시지를 제대로 전달받는다
- 잊지 못한다
- 특정한 행동을 하게 된다

짧고 강렬하게 말한다

- 정리하고 편집한다
- 본질을 추출해낸다
- 쓸데없는 부분은 모두 잘라낸다
- 키워드를 사용한다

- 유능한 사람으로 평가한다
- 중요 자리에 임용한다
- 영향력을 부여한다

플랜카드에도, 공부한 내용을 필기한 노트나 회의록에도 누군가가 애써 다듬은 짧은 말이 적혀 있다. 다만 그 에너지의 크기, 즉 파급력이 천차만별일 뿐이다.

02

카피라이터처럼
말하는 비법

카피라이터는 캐치프레이즈를 만든다. 광고를 본 사람이 "저걸 꼭 사고 싶다!"라는 말을 내뱉을 수밖에 없도록 문구를 짧고 강하게 쓰는 것을 목표로 삼는다. 카피라이터는 상품이나 서비스의 장점을 어떤 말로 어떻게 표현해야만 그 말을 접한 이들이 무난히 결제까지 완수해 낼지를 치열하게 고민한다.

캐치프레이즈의 기본은 주목을 받는 것이다. 그러니 지금까지 없던 새로운 표현을 모색해야 한다. 느낌이 강한 단어를 골라 쓰는 게 전부가 아니다. 판매가 이어지는 건 또 다른 문제다. 이 부분이 어렵다.

케치프레이즈는 일난 짧아야 한다. 사람들은 긴 글을 읽는 노력을 아무 곳에나 들여주지 않기 때문이다. 따라서 카피라이터는 꼭 전달하고 싶은 요소 이외의 것은 모조리 버린다. 이건 결코 쉬운 일이 아니지만 이런 고생이 결실을 맺어 메시지가 캐치프레이즈로 완성되고 결국 상품이 팔려나가기 시작하면 카피라이터는 크나큰 쾌감을 느낀다.

우리 일상의 업무 커뮤니케이션도 마찬가지다. 업무할 때 쓰는 말이란 결국 타인에게 특정한 행동에 돌입하라는 메시지를 전하는 말이다. 메시지의 영향력이 관건이다. 우리에게는 바로 그 영향력이 필요하다. 그렇기 때문에 우리의 커뮤니케이션 문구를 다듬어야 하는 것이다. 캐치프레이즈를 만들어내는 카피라이터의 생각 구조가 우리에게도 필요하다.

볼드체로
말하자

나는 라디오 프로그램에 전문 해설자로 출연하고 있다. 그날의 주제를 청취자들이 보다 쉽게 이해할 수 있도록 풀어서 설명하는 게 주된 일이다. 이를 위해 내가 가장 신경 쓰는 게 한 가지 있다. 키워드를 뽑아내서 그것을 볼드체처럼 말하는 것이다. 문서의 중요한 내용에 볼드체 처리를 해 넣는 것처럼 말할 때에는 키워드에 힘을 실어서 이야기한다. 라디오에 출연할 때나 인터뷰를 할 때 나는 듣는 이에게 혹은 읽는 이에게 강력한 키워드를 남기는 일이 관건이라고 생각한다.

어떤 기획자가 인터뷰에서 이런 말을 한 것을 읽었다. "기획자의 일이란 셰프의 일이 아니다. 주부의 일이다." 최고의 식재료를 확보해서 그것으로 요리하는 게 아니라 냉장고에 들어 있는 재료를 이용해 맛있는 요리를 만들어내는 일. 그것이 기획자가 하는 일의 핵심이라는 말이었다. 즉 기획자의 회사가 이미 보유하고 있는 재료를 가지고 훌륭한 새로운 계획을 세워나가는 일이라는 뜻이었다. 내게 그랬듯 그의 한마디는 사람들의 뇌리에 볼드체로 강하게 남아 있을 것이다.

인간의 기억은 금세 희미해진다. 사람들의 기억에서 잊힌다면 그들을 행동하게 만들 수 없다. 따라서 기억에 얼마나 강하게 남는 말을 던질 것인지가 핵심이다.

캐치프레이즈는
글보다 말에서 힘이 세다

방송이나 SNS 등 다양한 매체에 노출되고 있는 광고 캐치프레이즈의 대부분은 고객을 불특정 다수로 두고 만들어진 것이다. 즉 눈에 보이지 않는 불특정 다수의 고객에게 매력적으로 느껴질 문구를 만들어내는 아주 어려운 과정을 거쳐 탄생한 결과물이다. 캐치프레이즈가 다양한 고객들에게 실제로 어떻게 느껴질 것인지는 카피라이터가 실질적으로는 알지 못한 채로 노출이 개시된다는 뜻이다. 실제로 대부분의 캐치프레이즈는 사람들의 마음에 남는 데 실패한다. 하지만 잡지 광고든 포스터든 완성된 문구를 고객에게 던진 뒤에는 어떤 보충 설명도 변명도 덧붙일 수가 없다.

그에 비해 우리의 상황은 어떤가? 우리가 말할 때 상대방은 보통 눈앞에 있다. 카피라이터들에 비해 우리는 아주 유리한 상황에 놓여 있다. 상대방이 특정되어 있고 우리는 상대의 성별도 연령도 직함도 안다. 상대방의 기분이 현재 좋은지 그렇지 않은지도 짐작 가능하다. 게다가 상대의 반응을 보며 이야기 흐름을 다양하게 바꿔나갈 수 있으니 굉장히 유리하다.

이런 상황이니 상대방에게 강력하게 작용할 파워 프레이즈를 만들어내는 일은 카피라이터에 비하자면 우리에게는 아주 손에 잡히는 일인 셈이다. 파워 프레이즈를 만드는 데 이용할 재료도 아주 구체적으로 그리고 다양하게 얻을 수 있는 데다가 그렇게 만든 문구를 상대방에게 던질 타이밍도 우리가 선택할 수 있고 그 기회 또한 다양하다. 그러니 파워 프레이즈의 환상적인 결과를 누리게 될 가능성이 우리에게는 꽤 높다. 게다가 우리는 대기업의 성공한 캐치프레이즈처럼 한 치의 빈틈도 없는 아주 완벽하고 반짝반짝 빛나는 듯한 고급 문장까지 내놓을 필요는 없다.

우리가 주고받는 말에는 그런 퀄리티가 필요 없다.

게다가 우리는 캐치프레이즈를 글에 가두지 않고 입으로 말하며 전달한다. 글이 아니라 말로 전하면 인상을 더욱 강하게 남길 수 있다. 글로만 전달해야 하는 경우를 생각해 보면 이해하기 쉬울 것이다. 가령 다음과 같은 캐치프레이즈가 있다고 치자.

"열아홉 살. 다이아몬드같이 오래도록 빛날 일 년"

문장으로 읽으면 밋밋하게 느껴질 것이다. 하지만 이제 막 열아홉 살이 된 청소년을 앞에 두고 "열아홉 살인가요? 올 한 해가 다이아몬드처럼 오랫동안 인생에서 빛날 거예요"라고 소리 내 말한다고 생각해 보자. 글로 읽히는 것보다 말로 하는 게 상대에게 표현의 임팩트를 확실히 전달할 가능성이 높다는 게 실감될 것이다.

프로의 눈으로 텔레비전 광고들을 보고 있자면 가끔 어딘가 어설프다 싶은 캐치프레이즈가 등장할 때가 있다. 전문 카피라이터가 아닌 사람이 마무리한 캐치프레이즈가 방송을 탈 때도 있기 때문이다.

그런데 그런 말이 유행어로 성공하기도 한다. 귀로 흘러들어 오는 말이 인간에게 미치는 특유의 강렬한 힘 덕분이다. 인간은 다른 사람의 말이 들리면 일단 듣는다. 이것도 말이 글보다 유리한 이유 중 하나다.

　당신의 말도 마찬가지다. 일단 상대방은 당신의 말을 듣고자 할 것이다. 당신의 말은 카피라이터가 만든 완벽한 캐치프레이즈처럼 예리하지 않아도 괜찮다. 짧고 강한 문구로 이야기하기 위해 당신이 주의를 기울이기만 해도 상대의 반응이 뭔가 예전과 달라졌다는 걸 즉각 실감하게 될 것이다.

　캐치프레이즈와 유사한 짧은 말들을 일상적인 대화에 사용해 보도록 하자. 그리고 회사에서 작성하는 기획서 등의 문서에 타이틀을 붙여 보자. 그 말들이 상대에게 인상을 남길 것이다. 게다가 말은 전해지기 마련이며 점점 가속도가 붙기 마련이다.

　이미 사람들의 뇌리에 남아 있는 성공적인 캐치프레이즈들을 어느 정도 흉내 내는 것도 괜찮은 방법이다. 어떤 유명한 말을 따서 변형했다는 점을 숨기지 않고 충분히 드러내 보이는 오마주도 좋다.

짧은 말이
곧 돈이다

사회에 막 들어섰던 이십 대였을 때 나는 어떤 말로 상대방에게
맞춰줄지를 고민하며 말을 늘어놓기 바빴다. 여러분도 마찬가지
인가? 그렇다면 좀 더 주체적으로 미끼를 던져 보자. 상대방의 반
응을 예상하고 대화가 어떻게 결론 맺어질 것인지를 염두에 두
면서 말을 해 보자. 이것이 습관화되면 당신은 일상이 변화되는
걸 분명 느낄 것이다.

　핵심은 이거다. 말을 함으로써 상황을 좋은 방향으로 유도해
가는 것. 이를 계속 의식하면서 말을 몇 차례 잘 만들어 내놓으면
나의 말이 상대방에게 전달되는 그 기세가 아주 달라지는 걸 즉
시 실감하게 될 것이다.

게다가 신입사원이라면 누구나 자신의 말을 전달하는 데 서툴다. 이는 당연한 일이다. 높은 업무능력을 인정받고 있는 직원들, 회사를 훌륭하게 경영하고 있는 대표들 중에는 말수가 극히 적고 말주변이 없는 사람이 많다.

보다 높은 곳을 목표로 하고 있나? 그렇다면 짧은 말을 만들어 내는 능력을 갖추기 위해 애쓰자. 다른 무엇보다도 이 능력이 당신에게 굉장한 무기가 될 것이다. 마구 떠들어대라는 말이 아니다. 대화 시간의 90퍼센트는 상대의 말을 들어주는 데 써도 괜찮다. 어떤 타이밍에 어떤 말로 끼어들어서 나머지 10퍼센트를 채울 것인지가 관건이다.

짧은 말에는
좋은 평가가 따라붙는다

지금 당신 주위의 사람들이 하는 말을 글로 한번 옮겨 적어 보기 바란다. 사람들 대부분은 긴 문장으로 말을 한다. 그러니 문장들은 끝이 흐려져 있기도 하고 문법에 어긋나 버린다. 주어와 서술어가 맞지 않는다거나 말의 앞뒤 내용이 맞지 않는다. 제대로 고치자면 손을 꽤 많이 대야 한다.

하지만 극히 일부 사람들은 그대로 종이로 찍어내도 문제가 없을 정도의 훌륭한 문장을 말하며 멋진 화법을 구사한다. 그들은 주위 사람들로부터 똑똑하고 머릿속이 정리정돈되어 있는 사람이라는 평가를 받고 있을 것이다. 이는 결코 천부적인 재능이 아니다. 누구나 훈련을 통해 습득할 수 있는 기술이다. 그들은 항상 이 기술들을 염두에 두고 집중해서 말하고 있는 것이다.

나도 마찬가지다. 라디오에 출연하거나 단상에 서서 강연을 해야 할 때면 올바른 문장으로 말해야 한다는 것을 내내 강하게 의식한 채 말을 이어나간다. 그렇게 하지 않으면 내 말은 그대로 쓸 수가 없다. 특히 라디오에서는 만약 내가 앞뒤가 맞지 않고 연결이 어색한 문장들로 말을 뱉어 놓으면 PD는 편집을 할 때 문장들을 조각조각 잘라낸 뒤에 조각난 오디오들을 교차해 접붙이거나 일부를 아예 잘라내 버리는 등 수선을 이만저만 해야 하는 게 아니다. 말할 때는 쓸데없는 말은 피하고 되도록 올바른 문법으로 막힘없이 제대로 발성해야 한다. 그러려면 이야기하고 싶은 내용을 미리 머릿속에서 정리해 보거나 키보드로 작성해 보는 등의 사전준비가 필수다.

상대방을 움직일 수 있는 말을 만들어 던지도록 하자. 그 말이 상대방에게 깊은 인상을 남긴다. 깊은 인상이 상대방의 생각에도 영향을 미쳐서 결국 프레젠테이션에서 승리한다. 좋은 평가를 받고, 중용되고, 경력이 쌓이고, 연 수입이 올라간다. 이 흐름을 만들어둬야, 하고 싶지 않은 일은 거절할 수 있는 여유있는 생활이 펼쳐질 수 있다.

그렇게 되기 위해서 지금 짧은 말 만들기에 매진해 보자는 것이다. 짧은 글 만들기를 습관화하고, 그 능력을 높이며, 할 말을 미리 준비하는 습관은 가치가 높다. 이는 아이디어를 창조해낼 수 있는 머리를 만드는 일이기도 하다. 그리고 남들보다 부지런하게 행동하며 사는 일이다.

조직의 에너지를
높여주는 짧은 말이 있다

경영자, 관리직, 창업가에게도 짧은 말의 가치는 매우 높다. 영업이나 거래를 원활하게 이끌어나가기 위한 회사 밖 활동에서도 말이 중요하지만 회사 내에서는 그 중요성이 실로 대단하다.

강하고 짧은 문구를 활용하여 사원들을 감화시키고, 가치관을 하나로 만들고, 동기부여의 수준을 높일 수 있다면 조직은 아주 견고해진다.

인간이 움직이는 건 움직일 이유가 있을 때다. 그렇다면 어떤 이유가 사람을 움직일까? 상대방의 이익, 흥미, 감정 등에 대해 생각해 보자. 상대가 어떤 사람인지 그 유형을 파악하고 그의 입장을 이해하며 그가 움직이는 이유가 무엇인지 짐작하여 그 이유를 자극하는 말을 짧고 강하게 만들어 전달해 보자.

또한 짧은 말은 채용에도 영향을 미친다. 인재 채용이 어려운 지금, 기업은 이념이나 미션을 문구로 만들어 세상에 기업 자체를 브랜딩해야 한다. 기업이 중요하게 여기는 가치를 기업 슬로건으로 내걸고 이를 알리면 그 가치에 찬동하는 사람이 모여든다. 거액의 보수도 물론 채용에 도움이 되지만 일 그 자체를 통해 사회에 기여하고 자아를 실현하고자 하는 사람도 적지 않다. 기업의 목표를 제대로 내걸고 이것이 가치관을 공유할 수 있는 예비 직원들의 눈에 띄도록 만들어야 한다.

집에서 가훈을 내걸고, 학교에서 교훈을 내걸고, 학급에서 급훈을 만들어 내거는 일도 마찬가지라는 점을 생각하자. 문구를 내걸면 그에 어울리는 사람들은 경계를 낮춰 더욱 소통하고 그와 어울리지 않는 사람들은 경계를 높이며 자연히 멀어져간다.

04

없애버리자.
당신을 초라하게 만드는 말 패턴 7

강연과 연수, 카피라이팅과 같은 일을 하며 살고 있다 보니 나는 아주 많은 사람들을 만나고 그들과 이야기 나누며 살아간다. 다양한 사람의 말을 들으며 살아가고 있는 셈이다. 이렇게 살아오다 보니 알게 된 사실이 있다. 자신의 말을 상대에게 전달하는 데 서툰 사람이 대단히 많고 자신의 말을 전달하는 데 서툴러 손해를 보며 사는 사람 또한 적지 않다는 것이다.

사실 아무리 일을 잘해도 말하는 데 문제가 있으면 좋은 평가를 받지 못한다. "그래서 하고 싶은 말이 뭔가요?", "정리되면 이야기해주십시오." 만약 이런 말을 들은 적이 있다면 어쩌면 당신은 말을 전달하는 데 아직 서툰 사람일 가능성이 있다.

이런 사람들의 화법에는 전형적인 패턴이 있다. 역으로 이야기해 보자. 그 패턴을 의식적으로 제거해버린다면 우리는 자신의 말을 제대로 전달하는 사람으로 거듭날 수 있다.

당신의 말을 가장 가까이에서 듣는 사람은 누구일까? 다름 아닌 당신 자신이다. 자신의 말을 녹음해서 다시 들어 보는 것은 자신의 말을 하는 데 아주 좋은 방법이다. 하지만 가장 빠르고 정확한 방법은 말을 할 때마다 자신이 어떤 말을 했는지 즉각 인식하고 바로 수정하는 것이다. 의식적으로 자신의 말에 귀를 기울이지 않으면 단순한 말실수도 깨닫지 못한 채 이야기가 진행되어버리고 만다.

당신의 말에서 어떤 점을 점검해 보면 좋을까? 다음 일곱 가지 말 패턴이 당신의 말에 숨어 있지 않은지 스스로 상시 점검하고 즉시 수정하기를 권한다.

① 한 문장이 길다

'쉼표(,)'로 연결된 문장이 끊임없이 이어지고 중간에 "~한데", "~지만" 같은 말이 계속 끼어들면서 긍정인지 부정인지 알 수 없는 이야기가 이어진다. 이런 말을 듣고 있자면 즉각적으로 심한 피로감이 찾아온다. '인내력을 시험받는 것 같군'이라고 느끼며 짜증을 꾹 눌러 참게 된다.

문장 쓰는 일이 서툰 저자가 처음 원고를 쓰면 출판사의 관록 있는 직원은 딱 한마디를 한다. "마침표(.)와 마침표 사이를 짧게 고쳐주세요."

② 주어가 없다

말하는 본인은 '누구의 행동인지, 누구의 말인지' 알고 있기 때문에 무의식중에 주어를 생략하고 말하는 일이 흔하다. 하지만 듣는 사람은 '누가 그런 행동을 했다는 거지?', '누가 그런 말을 했다는 거지?' 하는 생각 때문에 혼란스럽기만 하다.

텔레비전 프로그램에서 길거리 인터뷰나 취재 영상이 나올 때 자막이 붙는데 말하는 이가 생략한 주어를 괄호 안에 제시해 보충해주는 것을 본 적이 있을 것이다. 영어에서는 문장에서 주어가 거의 필수적으로 사용된다고 한다. 하지만 우리는 주어가 없어도 술술 이야기할 수 있는 언어를 쓰고 있으니 주의해야 한다.

③ 세부적이고 중요하지 않은 부분부터 이야기한다

자신의 말을 전달하는 데 서툰 사람들의 가장 흔한 특징은 머릿속에 떠오른 순서대로 말을 내뱉는다는 점이다. 머릿속에 떠오른 단어나 자신에게 인상 깊었던 일들을 생각나는 대로 나열하며 이야기하면 상대방에게 체계적으로 전달되지 않는다. 특히 중요하지 않은 부분부터 이야기하기 시작하면 나무만 보이고 숲은 보이지 않아 듣는 사람을 초조하게 만들고 만다.

보고나 설명을 할 때는 우선 결론이나 결과부터 말하자. 그런 뒤에 큰 주제부터 시작하여 중간 주제, 작은 주제로 구분해 이야기를 진행해나가면 상대방이 체계적으로 이해하기에 좋다.

④ 끝을 흐린다

말끝을 습관적으로 흐리는 사람들이 있다. 부정적인 의미를 문장에 담을 때 "그 조건대로 진행하지 않겠다", "~게는 못 진행한다", "~게 진행하기 어렵다"처럼 부정을 표현하는 말은 문장의 뒤쪽에 놓인다. 그러니 말은 끝까지 들어 봐야 한다. 그런데 말하는 이가 상대에게 부정적인 의사를 전하기 미안하거나 민망하다는 이유로 말끝을 흐리면 어떤 일이 벌어질까? 중요한 메시지가 반대로 전달돼 버릴 수 있다. 혹은 듣는 이가 자신이 들은 바를 확인하기 위해 질문을 던져와 더욱 미안하고 민망해질 수 있다. 나아가 '이 사람은 자신이 불편한 말은 회피하고 대강 넘어가고 싶어하는군'이라는 부실한 인상을 남기고 말 것이다.

또 "이런 일이 있기도 하고…", "이런 게 되면 좋을 것 같다는 생각이 들기도 하고…"같이 모호하게 끝맺음을 하면 듣는 사람은 일단 상대가 말한 것에 확신이 없다고 받아들일 수밖에 없다. 그러니 문장의 마지막은 특히 명확한 목소리로 제대로 맺어주어야 한다.

⑤ 핵심을 찌르는 단어가 없다

단어 하나만 제대로 내놓으면 메시지가 단번에 전달되는 키워드가 있는데 그 단어를 말하지 않는다. 부수적인 단어들이 숱하게 등장하고 '저것, 이것, 그것'이 많이 사용되어서 듣는 이는 마치 멀리 돌아가는 길로 끌려가는 느낌을 받는다.

이야기가 뜬구름 잡듯 길어지면 듣는 이는 상대가 세상 물정 모르는 사람이라는 인상을 받는다. 전달하고 싶은 이야기의 중심이 되는 핵심 단어를 확실히 준비하고 분명하게 표현하자.

⑥ 같은 이야기가 무한반복된다

방금 전에 했던 이야기가 후렴구처럼 반복되어 같은 곳을 빙글빙글 맴도는 듯한 화법도 곤란하다. 중요한 이야기라 거듭 반복하는 것인지, 그저 화자가 이야기 속에서 길을 잃어버린 것인지 알 수 없다. 이 일 저 일의 시간 순서 또한 명확하지 않아 이해하기 쉽지 않다.

한편 이야기가 갑자기 다른 곳으로 튀는 경우도 있다. 같은 이야기려니 했는데 사실 전혀 다른 이야기였다는 사실을 깨닫는 순간 듣는 이는 들을 마음이 사라지고 만다.

또 관련 없는 이야기부터 꺼내 놓는 화법도 피하는 게 좋다. 말 잘하기로 정평이 난 사람이라거나 지위가 아주 높은 사람이 아닌 이상 주위 사람들은 질색하고 만다.

⑦ 이야기의 마무리가 흐지부지하다

이야기는 꼭 마무리 매듭을 지어야 한다. 이런저런 이야기가 이어지지만 착지점이 보이지 않는 이야기는 불안감을 야기한다. 이야기를 꺼낸 당사자는 마무리를 어떻게 지을 것인지에 대해 분명히 생각해두어야 한다. 혹은 생각을 하며 이야기를 해나가야 한다. 그렇지 않으면 이야기가 흐지부지되기 십상이다.

잡담이더라도 이야기에 결론이나 의도가 보이지 않으면 듣는 이의 머릿속에는 크나큰 물음표가 떠오른다. 초반에 결론부터 말해두면 이런 의문을 야기하지 않을 수 있다.

이 일곱 가지 패턴 외에도 말을 잘하지 못하는 사람들이 쉽게 벗어나지 못하는 유감스러운 표현 습관들이 있다.

• 반(半)의문형

반의문형이란 질문이 아닌데 문장 중간을 높게 올려 의문문처럼 말하는 화법이다. 예를 들면 "'이런 일이 빨리 벌어져서 차라리 잘 됐다?'라고 생각하실 수도 있겠습니다"처럼 말하는 것이다. 특정 부분을 강조하기 위해 의문문처럼 높게 올려 말하는 것이겠지만 이런 말을 듣는 이는 그 질문에 답을 해야 하는지 혼란스러움을 느꼈다가 그게 아니라는 걸 깨닫는 순간 자신이 상대방에게 휘둘렸다는 생각이 들어 마음이 편치 않다.

• 말 늘이기

말 중간중간을 길게 늘이는 버릇도 좋지 않다. 이 버릇을 가지고 있는 사람들 중에는 자신이 그런 습관을 가지고 있다는 걸 모르는 이들이 많다. "아-니, 저느-은", "어-떻게 하는 게 좋을까요"처럼 지극히 사적인 말투를 구사하면 유치하다는 인상을 준다. 회식 자리에서라면 모르겠지만 업무와 관련된 대화가 진행되는 자리에서는 사적인 말투는 절대적으로 삼가야 한다.

• 이중부정

이는 예를 들어 "그 안에 대해 반대하는 직원이 있는 건 아니라고 합니다"처럼 말하는 것이다. 업무에서는 문학적인 표현이 아니라 명확하고 정중한 표현을 쓰는 게 미덕인 만큼 직설적으로 이야기하도록 하자. "반대하는 직원은 없습니다"처럼 간명하게 말하자.

• 난해한 말

전문용어를 과하게 사용해 말하는 사람들이 있다. 업무를 할 때 분야의 전문용어를 사용하지 않고 말해야 한다는 말이 아니다. 상대방이 이해하지 못할 수 있는 상황은 아닌지를 늘 염두에 두고 말해야 한다. 그런 경우에는 전문용어를 처음 언급할 때 바로 풀어 설명해준 뒤에 이야기를 이어나가야 한다.

전문가들만 있는 자리라면 전혀 상관없다. 하지만 비전문가가 있다면 전문용어를 풀어주거나 대체어를 사용해야 한다. 비전문가들은 전문용어를 사용하지 않고도 잘 설명할 수 있는 사람을 정말 잘 아는 사람이라고 평가한다.

• 동음이의어

소리가 같더라도 한자가 달라 뜻이 다른 동음이의어가 많다. 예를 들자면 '재고' 같은 단어가 있다. 뜻을 잘못 알아들을 수 있는 단어가 빈번히 등장하면 듣는 이는 이해하는 데 체증을 느낀다. 한자를 곁에 적어주는 방법도 있겠지만 상대방이 한자를 모를 수 있으니 앞뒤 맥락을 보강하여 오해의 여지를 없애도록 하자. 다른 단어로 대체할 수 있는 경우라면 꼭 다른 단어를 사용하자.

05

상대가 기억하는 건
짧고 강한 말뿐

이 책의 핵심은 짧고 강한 말, 즉 파워프레이즈(Power phrase)를 만들어 쓰는 습관을 가지는 것이다. 짧고 강한 말은 어떻게 만드는 것일까? 우선 하고자 하는 이야기의 본질과 결론을 생각해야 한다. 그리고 이를 단순한 말로 바꿔 문장으로 작성한다. 키워드를 확정하고 없어도 될 부분을 삭제한다.

꼭 전달해야 할 내용만을 추리는 이 작업은 결국 무엇이 가장 중요한지를 분별하는 과정이면서 듣는 이가 어떤 생각을 하게 될지를 미루어 짐작하는 일을 훈련하는 과정이다. 이를 연습하다 보면 점점 짧은 시간에 해낼 수 있게 된다. 머리가 그렇게 단련되어갈 것이다.

다행히 우리의 뇌는 본래 '무엇이 본질인지'를 파악하기 위해 움직인다.

[1단계] 전달할 핵심을 발굴한다

[2단계] '주어+서술어'로 구성된 문장을 만든다

[3단계] 키워드를 만든다

[4단계] 쓸데없는 부분은 잘라낸다

1단계 전달할 핵심을 발굴한다

말을 짧게 만든다는 건 요약을 의미할까? 단순요약과는 다르다.

예를 들어 자사가 제안한 기획에 대한 고객사의 반응을 궁금해 하는 대표에게 이렇게 보고한다면 어떨까. "프레젠테이션은 10분 늦게 시작되었습니다. 고객사의 A 사장, B 상무가 참석한 가운데 저희 쪽 제안을 설명하고 질의응답 시간을 가진 후 자리를 마무리했습니다. 결과는 추후에 알려주겠다고 했습니다." 대표는 분명 만족하지 못할 것이다.

이렇게 말하는 게 낫다. "고객사에서 솔깃해했습니다. 이벤트 공간 연출안을 마음에 들어 했습니다." 중요한 부분을 부각해서 전달하는 편이 현장감을 훨씬 더 제대로 전달할 수 있다.

요약이라고 하면 문서에 적혀 있는 내용을 짧게 만든다는 의미가 강하다. 하지만 짧은 문구를 만드는 것은 단순히 길이를 줄

이는 단순요약이 아니다. 핵심을 딱 한 줄로 뽑아내는 핵심요약을 해내야 한다. 다시 말해 일의 핵심, 본질을 파악하고 부각해내야 한다.

핵심, 본질을 뽑아낼 때는 일이 진행된 과정을 순서대로 전달하고자 하는 욕망을 버려야 한다. 그래야 본질을 뽑아낼 수 있다.

하고 싶은 말을 나열하고 그것들의 우선순위를 매겨 보면 어떨까? 하지만 이 점을 생각해야 한다. 하고 싶은 말과 해야 할 말은 아주 다르다.

예를 들어 상품을 알리기 위한 캐치프레이즈를 만드는 경우를 생각해 보자. 하고 싶은 말은 제품의 특별한 기능, 특징 등일 것이다. 하지만 구매자 입장에서 보면 그런 것들은 그저 단순 정보일 수 있다. 구매자를 움직이는 건 '그 제품을 쓰면 자신의 생활이 어떻게 달라지는가'에 대한 답이다. 그러니 이 경우라면 해야 할 말은 구매자의 이득, 편리함에 관한 정보일 것이다. 이것이 바로 '해야 할 말'이다.

자, 그럼 지금 당신이 해야 할 말은 무엇일까? 일단 당신이 이야기하려는 목적이 무엇인지를 분명하게 생각하자. 일상적인 대화에서도 그렇지만 업무와 관련하여 말을 할 때는 반드시 목적이 있기 마련이다. 그 목적을 달성하기 위해서는 어떻게, 무엇을 말하면 좋을지를 생각하기 바란다.

우선 상대방의 니즈가 무엇일지를 생각하자. '상대방은 무엇을 알고 싶을까?', '무엇을 듣고 싶을까?', '어떻게 하고 싶을까?', '어떻게 하면 기뻐할까?', '어떤 행동을 하기를 좋아하나?' 등에 대해 생각하자. 그리고 상대방이 어떤 생각을 하게 만들지, 이를 위해 어떤 정보를 선별해 제공할지를 생각하자.

그리고 '이에 대한 내 의견은 무엇인가?'에 대해 생각하자. 예를 들어 '그래서 무엇이 결론이 되어야 할까?', '어떤 점이 클라이맥스로 부각되어야 할까?', '내가 상대방에게 바라는 점은 무엇인가?' 같은 질문을 던지고 생각해 보자. 이것들이야말로 당신이 전달해야 할 말의 근본이자 핵심이다.

단순요약과 핵심요약

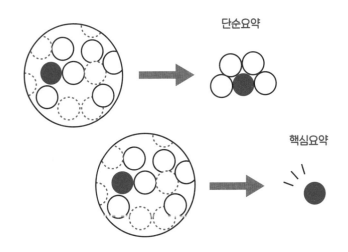

페이스북에 댓글을 다는 경우를 생각해 보자. "제 책이 출판되었어요!"라는 게시물에 "축하합니다!"라는 댓글은 부족하다. "축하합니다! 지금 당장 읽어 보겠습니다!"라고 적어야 상대방이 듣고 싶은 말을 던진 것이다. 그가 어떤 말을 듣고 싶어할지를 생각하고 그에 대해 긍정적으로 호응하기로 결정한 뒤 그것을 말로 만들어 본 것이 그 말일 것이다.

2단계 '주어+서술어'로 구성된 문장을 만든다

전달해야 할 내용이 결정되었다면 이를 온전한 하나의 문장으로 만들어 보자. 온전한 문장이란 '주어 +서술어'를 갖춘 문장이다. 이때 형용사나 부사 같은 수식어는 가급적 붙이지 말고 단순하게 만들자. 수식어가 말을 길어지게 하기 때문이다.

'누가 ~했다'같이 주어와 서술어로만 구성된 문장이나 '누가 무엇을 ~했다'같이 목적어만 추가된 간단한 문장을 만들자. 단 하나의 서술어가 담긴 단순한 문장은 이해하기 쉽고 잘 전달된다. 이런 문장을 만들어둔 후에 '언제, 어디서, 왜, 어떻게' 등의 정보를 첨가할지 그대로 둘지를 결정하면 된다.

3단계 키워드를 만든다

넘쳐나는 정보 속에서 나의 말이 살아남기를 원한다면 혹은 듣는 이의 기억에 남기를 원한다면 말에 임팩트가 있어야 한다. 이것이 보통의 말을 임팩트 있는 키워드로 전환하는 이유다.

예를 들어 "많은 사람"이라는 표현은 "85퍼센트의 사람들"로 전환한다. "확실한"은 "틀림없는"으로 바꾸고, "좋은 서비스"는 "업계 1등 서비스"로, "중요하다"는 "전부 다"로 바꾼다.

각종 사전을 활용해 보면 좋다. 키워드를 찾아나서는 일은 말을 강력하게 만들기 위한 첫걸음이다.

4단계 쓸데없는 부분은 잘라낸다

문장의 각 부분을 손으로 가려 보자. 그 말이 없어도 뜻이 변하지 않는다면 그 말은 잘라내도 되는 말이다. 또한 쓸데없는 정보들은 최대한 잘라내자. 간결한 문장으로 짜릿하게 전달하도록 하자. 쓸데없는 말을 잘라내면 중요한 말만 남는다. 무엇이 중요한지에 대해 깊이 있게 생각하게 된다.

평이하고
딱 들어맞는 어휘가 좋다

유의어 사전은 꽤 유용하다. 자신의 감정이나 의견을 SNS에 짧게 압축적으로 표현하고 싶은 사람들이 유의어 사전을 이용하곤 한다는 말을 들었다.

알고 있는 어휘가 많을수록 자유자재로 이야기할 수 있을 거라고 많은 사람들이 생각한다. 하지만 상대방이 그 어휘를 알지 못한다면 말이 전해질 리 없다. 즉 많은 사람의 마음에 콕 박히는 문장을 구사하고 싶다면 누구나 다 아는 평이한 어휘들만 머릿속에 꽉 잡아두면 된다. 딱 들어맞으면서도 평이한 어휘를 찾는 일이 중요하다.

매일매일 생겨나는 신조어나 유행어에도 늘 관심을 가지자. 단, 대중의 절반 이상이 아는 신조어나 유행어가 아닌 건 의미가 없다. 설명해야만 알아들을 수 있는 단어는 사용하지 않는 게 좋다.

"광고 속 문장은 열두 살 어린이도 이해할 수 있도록 쓰라"라는 말이 있다. 만약 사람들이 모르는 단어를 사용하여 캐치프레이즈를 만든다면 딱 한 가지 경우여야 한다. 사람들이 그 표현을 모른다는 사실에 정면으로 부딪침으로써 임팩트를 남기겠다는 전략을 택한 경우 말이다.

다시 한번 말하지만, 중요한 건 평이한 말 중에서 뻔하지 않은 말을 찾아내는 일이다. 만약 이 문제로 고민한 적이 있다면 당신의 어휘력이 빈약해서가 아니다. 이미 가지고 있는 어휘 중에서 강한 키워드를 아직 제대로 골라내지 못했기 때문이다.

06

말 잘하는 사람들이
절대 버리지 않는 3가지 습관

예전에 한 신문사로부터 이런 질문을 받았다. "마음에 콕 박히는 문장을 만들기 위해 평소에 신경 쓰는 점이 있다면 무엇입니까?" 나는 반사적으로 이렇게 대답했다. "헤아리는 일입니다."

상품을 알리는 캐치프레이즈를 쓸 때에는 구매자가 가지고 있는 고민이나 문제에 깊이 있게 다가서는 일이 필수다. 곤란에 처한 상대의 고민을 제대로 헤아린다면 상품의 어떤 점을 어필해야 할지 확실히 파악할 수 있다. 그래야 내가 고른 단어가 고객의 가슴에 콕 박혀 들어갈 수 있다.

누군가에게 산수를 가르쳐줘야 하는 상황을 생각해 보자. 상대가 숫자를 어느 정도까지 다룰 줄 아는지를 확인한 뒤에 가르쳐야 제대로 가르쳐 줄 수 있다. 누군가에게 길을 알려주어야 하는 상황을 생각해 보자. 상대가 주변 지리를 어느 정도 알고 있는지를 가늠해야 목적지에 도착하도록 이끌어 줄 수 있다.

말에서도 마찬가지다. 상대방의 상태를 제대로 파악한 뒤에 말을 하는 사람이 말 잘하는 사람이라는 평가를 받을 수 있다.

눈앞에 있는 상대방의 걱정은 무엇이고, 희망은 무엇일까? 이를 알아차리려면 이에 걸맞은 준비를 해야 한다. 평소에도 항상 상대방에 대해 생각해 보는 사람이 되는 것이다.

버스나 지하철 안에서도 사람들을 관찰하며 새로운 발견을 이어가고 그의 상황을 헤아려 보자. 벽면에 광고 포스트가 붙어 있다면 그 안에 적혀 있는 캐치프레이즈를 보고 개선안을 만들어 보거나 요즘의 캐치프레이즈 트렌드를 가늠해 보자. '요즘에는 이런 느낌을 선호하는구나' 하며 항상 자신의 감각을 갈고닦지 않으면 언어감각은 누구든 녹슬고 만다.

일상생활에서 상대방을 헤아리는 연습을 한다

내일 중요한 사람을 만난다면 그 사람의 마음에 콕 박힐 만한 문구를 두세 개 정도 준비해 놓으면 안심이 될 것이다. 예상하지 못했던 방향으로 일이 전개되더라도 미리 준비해 놓은 문구를 활용해 내가 생각했던 방향으로 일을 끌어올 수도 있을 것이다.

이 과정을 일상적으로 꾸준히 해나가다 보면 이력이 붙는다. 스스로의 실력이 는다는 것을 실감할 것이다. 실력이 차츰 늘다 보면, 예상하지 못했던 상황에 제대로 된 한마디를 순간적으로 던지는 순간이 분명 온다.

단순히 논리적인 사고방식만으로는 상대방을 움직이기에 부족하다. 기술적으로 잘 설득해 보려 해도 상대방은 표면적으로만 반응할 뿐 실제로는 행동하지 않을 것이다.

그렇다면 무엇이 보강되어야 할까? 상대방을 헤아려주는 말이 필요하다. 그래야 상대방의 마음이 비로소 움직인다. 상대방의 마음이 움직이는 동안에 던진 말이 그의 마음에 콕 박혀들어가게 된다. 가장 이상적인 형태는 상대방을 헤아리는 말에 논리적인 무장을 더하는 것이다.

상대에게 말하는 일을 전문적으로 하는 사람들을 참고해 보자. 개그맨들이나 인터뷰어, 논객, 연예인, 정치인, 작가 등 다양한 사람들이 상대방에게 던지는 말의 내용과 표현에 관심을 가지자. 그리고 그들의 저변에 상대방에 대한 어떤 생각이 자리잡고 있어서 그런 말을 하는 것일지를 곰곰이 생각해 보자. 본받고 싶은 말의 모델을 발견하게 된다면 말을 다듬어 쓰고자 하는 우리의 일은 분명 한결 쉬워질 것이다.

언제나 메모할 수 있는
환경을 구축한다

서적이나 영화, 텔레비전 등 다양한 곳에서 우리는 유용한 문구를 발견할 수 있다. 이 문구들이 머릿속에서 사라지지 않도록 작은 노트나 기기에 메모해두는 습관을 들이자. 종이 노트라면 A5, B5 크기가 휴대하기에 편할 것이다.

나는 이런 작은 노트들을 책상 위와 가방 안에 항상 두고 있다. 소파 옆, 침대 옆, 화장실, 욕실 문 앞 등에도 서로 다른 노트들이 준비되어 있다. 문구가 머릿속에 떠오르면 언제든지 메모할 수 있는 환경을 마련해 놓고 싶었기 때문이다.

스마트폰의 메모 애플리케이션을 이용해도 좋다. 여러 클라우드 서비스를 조합하면 메모한 것을 언제, 어디서든 다양한 기기에서 참조할 수 있을 것이다.

메모가 쌓이면 때로 다시 읽어 보고 정리하거나 통합해두자. 여기저기에 적어 놓은 문구들을 활용 상황별로 구분한 뒤 한 개의 워드 파일에 정리해두면 좋다.

내 경험에 따르면 솔직히 절반은 사용할 기회도 없는 표현들이었다. 하지만 밑져야 본전이다. 괜찮은 표현이다 싶으면 일단 적어두자. 내 경험에 따르면 본전은 아주 초기에 뽑을 수 있다.

제3의
패널이 된다

뉴스나 토크쇼 프로그램에는 사회자나 평론가, 연예인 등 말에 능통한 사람들이 출연한다. 이런 프로그램은 누군가가 당신에게 의견을 물었을 때 순간적으로 센스 있는 문장을 꺼내는 연습을 하는 데 안성맞춤이다.

프로그램에 두 명의 패널이 출연했다면 당신은 제3의 패널이 되어 보자. 사회자가 패널에게 던진 질문에 맞춰 우리의 생각이나 감상을 어떤 말로 표현할지 생각해 보자. 이때, 키워드가 들어간 짜릿한 문구로 짧게 대답하는 연습을 하는 중이라는 걸 잊지 말기 바란다.

사실 이건 내가 자주 쓰는 연습법이다. 실패해서 장황하게 답변을 늘어놓게 되었더라도 실전이 아닌데 뭐 어떤가. 아무 문제 없다. 점점 훌륭해질 테니 꾸준히 연습하길 바란다.

그밖에도 평소에 자신의 의견을 드러내는 습관을 가질 수 있도록 온라인에 적절한 창구를 마련해두면 좋다. 나는 평소에 블로그도 하고 메일링도 하고 있다. 페이스북도 좋고, 트위터도 좋다. 당신에게 맞는 미디어를 골라 당신의 의견을 꾸준히 드러내 보기 바란다. 의견을 가지고자 노력할 때 비로소 시야에 들어오는 새로운 유용한 정보들이 있을 것이다.

07

논리적으로 말하면
된다는 거짓말

텔레비전이나 라디오의 경제 프로그램을 오랫동안 진행해 온 진행자들을 보면 말을 말로 번역하는 기술을 구사할 때가 있다.

패널로 참석한 전문가가 어려운 용어를 사용하며 이야기하면 즉시 진행자는 "장기금리, 다시 말해 장기금융시장에서의 이자율로 국채, 금융채 같은 공사채의 이율 말씀이시지요" 하며 일종의 번역을 첨가해 시청자의 이해를 돕는다.

특정 분야의 지식량으로 보면 전문가가 우위일지도 모른다. 하지만 알아듣기 쉬운 설명으로 듣는 사람을 결국 납득시킨 사람은 진행자다.

전문가의 말은 논리적이고 군더더기 없지만 그럼에도 불구하고 머릿속에 잘 들어오지 않는다. 대학 교수의 너무나도 올바르고 정확한 수업을 떠올려 보기 바란다. 게다가 난해한 단어가 몇 개씩 등장하면 이해하는 데 시간이 걸린다. 멋지고 훌륭한 말을 하는 사람이라는 평가를 받을 수는 있다. 하지만 내용이 자연스럽게 전달될까? 그 말을 들은 사람이 어떤 행동을 하도록 움직이게 할 수 있을까? 그렇게 되지는 않을 것이다.

사람들을 움직이게 하는 말은 잘 다듬어진 말이 아니다. 맞는 말도 아니다. 깔끔하지만 재미없는 캐치프레이즈도 아니다. 인상적이고 강렬한 키워드가 있는 말 한마디가 듣는 이의 기억에 뿌리를 내리고 특정한 행동을 이끌어낸다.

실패한 말은
자양분 삼자

미국에서는 에너지 넘치고 이론적으로 따지고 들며 빠르게 이야기하는 사람이 설득력 있는 사람으로 여겨진다. 신뢰감을 얻기 위해서 빠른 말투로 이야기하는 것을 연습하는 사람들이 있을 정도다. 하지만 사실 우리는 말을 청산유수처럼 잘하는 사람보다 조금씩 실수하며 더듬더듬 이야기하는 사람에게 더 큰 신뢰감을 느끼기도 한다. 거침없이 유창하게 이야기하는 사람은 경계하고 과묵한 사람이 하는 말에 더 무게를 두는 사람들이 적지 않다. 똑같은 말을 던져도 상황에 따라, 상대에 따라 성공적으로 전달될 수도 있고 실패할 수도 있다는 얘기다.

그러니 말이 실패하더라도, 혹은 실언을 하더라도 너무 괴로워하지는 말자. 과정으로 여기자. 부하 직원을 괴롭히는 막말 수준의 언사를 당연하게 여기던 스티브 잡스는 훗날 애플에서 쫓겨난 일이 매우 값비싼 '약'이 되었다고 고백했다. 실언 또한 당신의 성장에 필요한 일종의 통과점일 뿐이다.

나 또한 20대에는 꽤 많은 실언을 했다. 입바른 소리를 한다는 명목으로 마구 말을 했다가 클라이언트 기업에 출입금지를 당했던 적도 있고, 사실 이외의 것은 전혀 입밖으로 내려 하지 않다가 거래가 더는 이어지지 않았던 적도 있다. '지금이라면 좀 더 잘 말할 수 있을 텐데' 하는 생각이 드는 실패가 셀 수 없이 많다. 하지만 그런 경험들이 누적되었기 때문에 지금 내가 여러분들에게 나의 경험과 지식을 나눌 수 있게 된 것이다. 그러니 실패가 두려워 입을 닫기보다는 입을 열고 실패하는 선택을 하기 바란다.

마음에 가닿는 말이 아니면 맞는 말도 하지 말자

로그라인(Logline)이라는 것이 있다. 영화나 소설 등에서 이야기의 방향을 설명해주는 한 문장을 뜻하는 말이다. 즉 한 문장으로 요약된 줄거리를 가리킨다. 예를 들어 영화《에일리언(Alien)》은 "우주의 조스",《앤트맨(Ant-Man)》은 "개미만 한 초소형 영웅이 악당들에 맞서 싸우는 이야기" 같은 문구다.

흥행하는 영화는 로그라인으로 결정된다는 업계의 이야기가 있다. 영화의 기획이 통과되어 제작을 할지 말지 하는 문제가 매력적인 로그라인 한 줄이 나오느냐 나오지 못하느냐에 달려 있으니 말이다.

하지만 로그라인은 사실적인 내용 요약을 벗어나기 어렵기 때문에 한계가 분명하다. 모든 이야기에는 일반적인 형식이 있다. 대부분의 영화와 소설은 주인공이 고난을 겪지만 동료들의 도움을 받아 고난을 극복해내고 성장하는 이야기다. 작품마다 인물과 시간적 배경, 공간적 배경이 달라질 뿐이다. 인물이 영웅이거나 겁쟁이거나 할 뿐이고, 공간적 배경은 우주이거나 사막이거나 도시이거나 바다이거나 할 뿐이다. 그러니 줄거리를 한마디로 요약해버린 로그라인만 보면 작품이 재미있을 거라는 큰 기대를 품기가 어렵다.

자, 그럼 로그라인 외에 영화의 흥행을 좌우하는 문구로 무엇이 있을까? 캐치프레이즈가 있다. 영화《기생충》을 로그라인으로 정리하면 '상류층에 빌붙어 살아가는 하류층의 처절한 이야기' 정도다. 로그라인만 보자면 그다지 호기심이 일어나지 않을 것이다. 하지만 캐치프레이즈를 보자면 어떨까? 이 작품의 포스터에 실린 캐치프레이즈는 다음과 같다.

"행복은 나눌수록 커지잖아요"

영화가 이 보편적 도덕률에 어떤 의문을 제기하며 냉소했을지 궁금증이 일어나지 않나? 반어법이라는 인상을 강하게 풍기는 이 캐치프레이즈를 읽은 사람들은 이 영화가 부조리한 인간사를 어떻게 드러냈을지 흥미를 품게 되고 영화를 볼 방법을 검색하기 시작했을 것이다. 실제로 이 캐치프레이즈는 영화 내용과 모순되는 표현이다.

논리적으로 맞는 말도 상대방의 마음을 겨냥한 문구는 이길 수 없다. 우리는 인간 대 인간으로 소통하면서 상대방의 마음에 다가설 수 있는 문장을 만들어 던져야 한다.

08

카피라이터가 말을 만드는 노하우 3단계

카피라이터는 광고에 사용할 캐치프레이즈를 만들 때 여러 접근 방식을 이용하고 시간도 공도 굉장히 많이 들인다. 하지만 우리가 일상생활에서 짧고 강한 말을 만들어 쓰고자 할 때에는 그럴 여유가 없다. 그러니 카피라이터의 기법을 우리는 단순화시켜 활용해야 한다. 다음의 3단계를 기억하자.

[1단계] 상대의 니즈를 파악한다

[2단계] 전달해야 할 내용을 파악한다

[3단계] 키워드로 변환한다

우선 상대방의 니즈에 대해 알아보자. 카피라이터가 아닌 사람이 캐치프레이즈를 쓸 때 거의 대부분이 범하는 실수는 이거다. 내가 하고 싶은 말과 상대가 듣고 싶은 말이 다르다는 현실을 깨닫지 못한 채로 말을 만든다.

예를 들어 상품을 만든 사람들은 "우리가 고집하는 소재를 사용했다", "우리의 자랑거리인 특별한 조미료를 사용했다" 같은 것을 어떻게든 전달하고 싶어 한다. 하지만 이 이야기를 구매자는 그다지 귀기울여 듣지 않는다. 그들이 궁금해하는 것, 즉 전달해야 할 내용은 "그래서 이걸 쓰면 내가 어떤 면에서 어떻게 좋아지는가?"이다. 예를 들자면 이렇다

[×] 식물성 오일과 생강 성분을 배합한 드레싱
[○] 다이어트 중인 사람에게 딱 맞는 건강한 드레싱

유감스럽게도 고객에게는 이쪽의 노력이나 고집은 부수적인 문제일 뿐이다. 상대방을 알고, 상대방의 입장을 헤아려야 한다. 다시 말해 상대방의 니즈가 어디에 있는지를 파헤치는 작업이 곧 카피라이팅이다.

상대방의 니즈와 희망을 파악하면 그가 듣고 싶어 하는 말이 무엇인지 알 수 있다. 그렇게 알아낸 내용을 단순하고 짧은 문구로 만들자. 쓸데없는 말을 과감히 지우자.

이렇게 완성된 문구를 한 번 더 점검하자. 문구가 평범한 말로만 구성되어 있지는 않은지 확인하자. 평범한 말 하나를 강렬한 말로 바꿔 넣자. 한 개만 바꿔도 효과가 달라진다. 강렬한 말에는 다음과 같은 종류가 있다.

① **의성어, 의태어**…… 소리나 모양을 흉내내는 말

② **구체적인 말**…… 실제로 눈에 보이는 것 같은 상세한 묘사

③ **절실한 말**…… 고민이나 병, 콤플렉스, 금전적 문제와 관련된 말

④ **감정이 결부된 말**…… '분노하다', '보듬어주다' 같은 감정적인 말

⑤ **새로운 말**…… 모르는 사람의 흥미를 끌어낼 수 있는 말

⑥ **신조어, 유행어**…… 신선하고 재미있는 말

⑦ **언어유희**…… 동음이의어를 이용한 말장난 등

사실 카피라이터는 상품 광고 한 편을 위해 수백 개의 캐치프레이즈 안을 쓴다. 양이 질을 낳는 세계다. 백지를 앞에 두고 이렇게 저렇게 접근방식을 바꿔 적어나가면서 좋은 캐치프레이즈가 나올 때까지 끈질기게 고민한다.

그러니 우리가 일상생활에서 회의하고 대화하는 순간에 카피라이터가 만든 것 같은 캐치프레이즈가 바로바로 튀어나오지 않는 것은 매우 당연한 일이다. 따라서 평소에 연습하고 표현들을 많이 메모해두는 게 좋다는 말이다.

카피라이터들이 캐치프레이즈를 만들 때 사용하는 세부적인 기법들이 있다. 그 가운데에는 우리가 짧은 문구를 만드는 데 아주 유용하게 활용할 수 있는 방법들이 몇 가지 있다. 앞으로 이어지는 각 장은 서로 다른 말하기 상황으로 구분해두었는데 다양한 캐치프레이즈 기법들을 각 상황에 적용해 실감나게 소개하려 한다.

2장

평범한 말이
무기가 되는 건
한끗 차이

첫 만남이 100퍼센트
성공하도록 준비하라

만날 상대가 정해져 있다면 일단 페이스북 등 다양한 SNS를 이용해 예비
조사를 해 보자. 상대방에 대한 단편적인 정보들을 확보하고 있으면 어떤
질문을 던졌을 때 분위기를 긍정적으로 가져올 수 있을지를 미리 예측할
수 있다.

하지만 모든 만남을 준비할 수 있는 건 아니다. 갑작스런 만남을 해야
하는 경우들이 있으니 말이다. 사람들과 교류하는 자리에서 갑자기 누군
가를 처음 만나게 되었다고 생각해 보자. 그에게 평범한 몇 가지 질문을 던
지는 것만으로는 그가 당신을 기억하도록 만들기 어렵다. 당신이 일방적
으로 떠든다면 어떨까? 아마도 좋지 않은 인상만 남길 것이다. 그렇다면
어떻게 해야 상대방의 기억에 남을 수 있을까? 이 질문에는 정답이 있다.
상대방의 이야기를 잘 듣고 강한 답변을 던진 사람만이 상대의 기억에 남
는다.

한 가지 더! 상대방에게 당신을 소개하는 문구도 미리 준비해두도록 하
자. 나는 자기소개를 1분, 3분, 5분 길이별로 준비해두고 있다. 반찬의 종류
와 개수가 다른 몇 가지 코스의 한상차림 같은 자기소개 패턴을 준비해두
고 상황에 맞게 선택적으로 제공한다.

단, 기본적인 구조는 동일하다. 일단은 그 자리에서 공유되고 있는 주제와 나의 연관성에 대해 이야기한다. 그 다음에는 나의 프로필에 대해 이야기하고 그런 뒤에는 이야기의 주제에 바탕을 둔 나의 미래에 대해 이야기한다. 그렇게 자기소개를 마무리한다.

또 처음 만난 사람에게 자주 듣는 말이 있다면, 혹은 어떤 자리에서 나에게 던져질 수 있는 질문이나 말이 있다면 그에 대한 대답을 미리 만들어두는 게 좋다. 나의 경우에는 "젊어 보이시네요"라는 말을 자주 듣곤 하는데 내 대답은 이미 정해져 있다. "아무 생각 없이 살다보면 이렇게 돼요." 그럭저럭 먹히는 편이다.

처음 만난 사람과 원활하게 대화하고 싶다면 '공통점을 찾는' 기술을 활용하면 좋다. 또한 헤어질 때는 그날 나눈 대화 내용을 언급하며 "~에 대해 해주신 이야기가 많은 도움이 되었습니다"라고 되짚어주면 좋다. 그러면 내가 상대방의 기억에 남을 가능성은 확실히 높아진다.

첫 만남에서 강렬한 인상을 남긴다는 건 사실 캐치프레이즈의 특기 중 하나다. 1장에서 만들어 본 파워 프레이즈를 실제로 활용하며 대화해 보기 바란다.

01

강한 인상을 남기려면
성장드라마 주인공처럼 말한다

아이돌 그룹은 그룹명 자체를 캐치프레이즈로 내세운다. 블랙핑크도 방탄소년단도 그룹명에 특정한 이미지를 가미하여 대중에게 제시한다. 그룹 구성원 한 사람 한 사람에게 캐치프레이즈가 각각 붙어 있는 경우도 많다. 수많은 가수들 가운데에서 대중의 기억에 남는 존재가 되기 위해서는 개인을 어필하는 강력한 말의 힘이 필요하다고 판단했기 때문일 것이다.

사업을 하는 사람도 마찬가지다. 교류회나 파티 등에서 처음 만난 사람들의 기억에 남는 사람이 되고 싶을 것이다. 열 명이 넘는 사람들과 명함을 교환해야 하는 일정 규모 이상의 모임에서 내가 저 사람과 친분을 쌓아가고 싶다는 생각이 들었다면 나와 같은 생각을 가지고 그에게 접근하는 인물들이 좀 더 많이 있을 것이란 점을 당면과제로 인식해야 한다.

이럴 때 장황하게 긴 문장으로 자기소개를 하면 안 된다. 상대에게 어떤 긍정적인 인상도 남기지 못할 것이다. 그 사람에게 확실하게 기억되고 싶다면 짧고 인상적인 캐치프레이즈를 사용해 자기소개를 해 보자.

나의 특이점
한 가지를 추려내자

자신이 별 볼 일 없는 사람이라고 생각하고 있나? 평소 자신을 깎아내리며 살아 왔더라도 그 생각을 잠시 넣어두자. 평소에 어떻게 생각했든 바로 지금, 나를 상대방에게 어필하고 싶다면 말이다. 당신에게는 자신을 도드라져 보이게 할만한 요소가 분명 한 가지는 있다. 자신의 직무명을 어필해도 좋다. 하지만 당신과 동일 직무를 수행하고 있는 사람들이 수없이 많다. 나는 마케팅 컨설턴트인데 "저는 마케팅 컨설턴트입니다"라고 자기소개를 한다는 건 "저는 이 직무를 수행하는 다른 이들과 마찬가지입니다"라고 선언하는 것과 다를 바 없다.

그러니 당신의 직무명을 넘어 당신의 가치를 명쾌하게 전달해 주는, 당신만의 캐치프레이즈를 만들어야 한다.

캐치프레이즈에는 당신이 지금까지 쌓아 온 실적을 담아도 좋다. 지금 매달리고 있는 목표를 담아도 좋다. 이렇게 우리에게는 타인과 다른 독특한 무언가가 한 가지쯤은 있다.

내게는 인터넷 방송 초기부터 꾸준히 개인방송을 해 온 지인이 하나 있다. 처음에는 방송에 자신의 친구들을 게스트로 부르곤 했었는데 점점 구독자가 늘어나더니 이제는 개그맨들도 그의 방송에 게스트로 출연하고 여러 유명인들도 자주 그의 방송에 나오고 있다. 이 친구를 소개하는 캐치프레이즈를 만든다면 다음과 같은 내용을 담을 수 있을 것이다. "인터넷 방송 10년차, 누적 방송 500회. 아무개입니다!"

그렇다면 당신의 실적, 당신의 이력, 당신의 지향을 드러낼 수 있는 것이란 과연 무엇인가? 당신이 철두철미하게 지켜 온 것이 있다면 무엇인가? 당신의 가치를 드러내며 브랜드화 할 수 있는 것이 있다면 무엇인가?

업무와 관련된 멋진 성과가 있다면 자기소개에서 분명히 언급하자. 예를 들자면 "5년째 150퍼센트 매출을 달성해 온 사람입니다", "교사 10명 중 8명이 쓰는 그 앱을 기획한 사람입니다", "먹방이라는 말을 처음 만든 사람입니다"처럼 말이다.

하지만 언제나 그렇게 자기소개할 필요는 없다. 업무 관련 자리가 아니라 친교를 위한 모임에 갔을 때는 "바닷가 마을에서 나고 자란 사람입니다"라고 소박한 말로 자기소개를 하자. 그렇게 하면 나중에 말을 걸어주는 사람이 더 많을 것이기 때문이다.

다시 말해 자리에 따라 상대의 마음에 콕 박히는 핵심 포인트가 달라진다는 말이다. 그러니 자기소개를 몇 가지 버전으로 만들어두고 상황에 따라 선택해 사용하는 게 좋다.

또 자기소개를 할 때 주고받는 명함도 확실한 하나의 수단이 되도록 만들어두는 게 좋다. 명함 안에 캐치프레이즈를 적어두자. 그 문구가 자연스럽게 대화의 물꼬를 터줄지도 모른다. 명함에 상대가 묻지 않고는 못 배길 만한 한 줄을 넣어두도록 하자.

02

처음 만난 사람을
칭찬하는 법

'인정욕구'라는 말을 들어 본 적이 있나? 그렇다. 사람에게는 인정욕구가 있다. 그러니 인정욕구를 충족시켜주는 칭찬은 커뮤니케이션에 플러스 요인이 된다. 인간은 자신을 칭찬해준 상대방을 소중하게 여기고 존중한다. 칭찬을 하면 마음 편한 대화로 진입하는 일이 조금 쉬워진다. 상대방의 기억에 남기도 조금 쉬워진다.

자신만만하게 발언하는 사람일수록 칭찬의 효과는 크다. 자기자랑을 늘어놓는 사람들 중에는 자신감이 아주 낮은 사람이 많다고 한다. 자만하는 것처럼 보이는 사람일수록 인정욕구가 강하고 칭찬에 굶주려 있는 사람일 가능성이 높다는 이야기다.

사람들은 주위의 객관적 평가보다 자신을 높게 평가하는 경향이 있다. 그렇지 않다면 질투나 부러움에 시달릴 일도 없다. 타인이 높이 평가받을 때 그 사실을 있는 그대로 받아들이고 나 자신은 아직 그런 평가를 받을 자격이 없거나 기회가 오지 않았다고 스스로 생각할 수 있을 테니 말이다. 그러니 우리는 이 점을 잊지 말자. 많은 사람들은 마음속에 자신에 대한 높은 평가를 품고 산다. 이것은 건드리지 말자.

그러니 부디 칭찬하라. 칭찬의 효과는 절대적이다. 쑥스럽다거나 간지럽다는 생각은 버리고 마음을 다잡고 칭찬하자. 칭찬은 공감을 부른다. 또한 칭찬을 들은 상대방은 "나는 당신 편입니다"라는 고백을 받았다고 여기니, 칭찬은 분명 아군을 만든다.

일할 때 더욱 빛나는 칭찬의 효과

카피라이터로 일하면서 내가 광고해야 하는 제품의 실사용자 인터뷰를 진행한 적이 있었다. 당시 내가 인터뷰를 하며 만났던 사람들은 모두 나와 초면이었다. 인터뷰를 하면서 사진을 찍어야 한다는 사실에 긴장하는 사람도 있었다.

이럴 때 어떻게 하면 상대의 긴장을 풀어주고 자연스럽게 인터뷰 대화를 진행할 수 있을까? 다짜고짜 "3개월 전에 이 제품을 이용해 보기로 결심했던 이유는 무엇입니까?" 같은 본격적인 질문부터 던지는 것은 좋지 않다. 일단 상대의 긴장감을 풀어주고 어색함을 누그러뜨려주어야 한다. 이때 효과적인 방법이 바로 칭찬이다.

한번은 영화사의 부사장을 인터뷰하러 갔었다. 그때 나는 그 회사에서 막 개봉한 영화를 칭찬했다. 바쁜 와중에 인터뷰 일정이 잡혀 있던 탓인지 그는 처음에는 굳은 표정을 풀지 못했다. 하지만 자신의 회사에서 개봉한 영화가 라이벌로 보이는 다른 영화보다 흥행 실적이 훌륭할 것 같다고 칭찬하자 그의 표정은 확 풀리며 "그거 참 다행입니다" 하는 화답이 돌아왔다.

중대형 마켓의 시스템 운영 담당자를 인터뷰하러 갔을 때에는 그 회사의 지속적인 매출 증대에 대해 미리 조사해두었다가 "다른 체인점들과 비교했을 때 정말 발군의 실적이네요" 하며 칭찬했다. 그가 이 말에 미소까지 보여주지는 않았지만 그 이후로는 확실히 그의 발언에서 심한 경계심은 찾아볼 수 없었다.

처음 만난 사람이라면
칭찬 포인트를 제대로 잡자

가장 이상적인 칭찬은 그 사람의 본질에 가까운 특징을 칭찬하는 것이다. 예를 들자면 어떤 성과나 숫자를 칭찬하기보다는 그 사람의 강점, 업무를 대하는 자세, 사회공헌, 고생한 점 등을 칭찬하는 게 이상적이라는 말이다. 당신만이 평가할 수 있는 상대방의 좋은 점이 있다거나 당신만이 알아볼 수 있는 상대방의 강점이 있다면 그것을 칭찬해 보자. 둘 사이에 둘만의 특별한 공간이 만들어질 것이다. 그런 공간을 만들어내는 칭찬이야말로 최고의 칭찬이다.

하지만 처음 만난 자리라면 그런 칭찬까지는 하기 어려울 것이다. 그래도 어떤 경우든 칭찬할 점은 여러 가지 찾아낼 수 있다. 예를 들어 파티에서 마이크를 잡고 인사말을 한 사람에게는 다음과 같이 대놓고 칭찬할 수 있다.

"방금 전 인사말, 정말 공감되어서 감동했어요."

만약 명함을 주고받은 상황이라면 상대방의 명함에 대해 칭찬을 할 수도 있다. "디자인이 멋지다", "촉감이 훌륭하다"라고 말하면서 말이다. 명함에 상대방의 이력이 적혀 있다면 그 내용을 언급하며 칭찬해주자. 이렇게 하면 어떤 명함에든 칭찬하는 말을 덧붙일 수 있다.

사교적인 자리에 갔다면 상대방과 조금만 이야기해 보아도 상대방이 자신의 어떤 점을 강조해 드러내고 싶어하는지를 파악할 수 있을 것이다. 그 점을 언급하며 그의 가치관을 칭찬하는 것도 좋은 방법이다. 그리고 누군가를 처음 만날 때 연령에 따라 사회적, 문화적 경험이 달라서 발생되는 가치관의 차이에 대해 미리 생각해둔다면 도움이 될 것이다.

한 가지를 더 기억하자. 표면적인 모습이 아닌, 색다른 부분에 초점을 맞춰 칭찬을 하면 칭찬의 효과가 더욱 크다. 예를 들어 외모가 멋진 사람에게 "멋진 외모를 가지고 계시군요. 부럽습니다" 한다거나, 입학하기 어려운 학교를 나온 사람에게 "머리가 정말 좋으신가 봅니다" 하며 칭찬한들 상대방의 마음에는 특별한 파도가 일지 않는다. 오히려 질색할 수도 있다.

그들의 내면을 칭찬하자. 외모가 아닌 성격이나 배려심, 부지런함, 야무짐, 정의감, 화술 능력 같은 특징을 칭찬하자. 그랬을 때 비로소 상대방을 기쁘게 할 수 있고, 그들에게 강한 인상을 남길 수 있을 것이다.

상대방을 일단 자극하고
즉시 안도시켜라

잘 알지 못하는 사람의 SNS 프로필 이미지를 보고 특정한 인상을 받게 되는 경우가 있다. SNS 때문에 선입견이나 오해가 작용하는 경우가 있다는 말이다.

나는 평상시에는 밝은 색상의 안경테를 착용하지만 일을 할 때는 검은색 안경테를 쓴다. 인상을 조금 더 강하게 해서 상대방에게 시각적인 이미지를 남기기 위해서다.

아주 개성적인 시각적 연출을 하는 사람들도 있다. 눈에 띄는 색상이나 디자인의 옷을 입거나 모자를 쓰고 있는 사람들 말이다. 이는 자신의 외형을 트레이드마크 삼는 연출법으로 브랜딩 방법의 일종이다.

브랜딩이 너무 과하다 싶은 케이스도 여기저기서 볼 수 있다. 모든 사람에게 셀프 브랜딩이나 마케팅에 관한 센스가 있는 것은 아니다. 자기 자신을 객관적으로 바라보는 일이 그리 쉽지 않기 때문이다. 본인이 본인을 제일 모르는 법이다.

그 결과 경박해 보인다거나, 자기 과시적으로 보이는 등 실제 인품이나 직업과는 동떨어진 부정적인 이미지를 전달하고 마는 사람들이 있다.

오해가 있었음을
솔직히 털어놓자

프로필 이미지로 인해 부정적인 인상을 받았지만 막상 그를 만나보면 실제로는 아주 착실히 살아가고 있는 무난한 사람인 경우가 적지 않다. SNS를 통해 자신에 대한 네거티브 브랜딩을 하고 있는 셈이라니 안타까울 따름이다.

그렇게 오해를 불러일으키기 십상인 사람에게는 그 사실을 확실히 말해주는 것도 괜찮은 대화를 담보해준다. 이쪽의 진심을 전달하면 순간적으로 분위기가 딱딱해질 수도 있지만 머잖아 순식간에 거리가 가까워지는 경우가 많다.

즉, 한 번의 비판으로 상대에게 약간의 불쾌감을 야기한 뒤, 긍정적인 이야기를 더해주어서 V자 회복곡선을 그린다면 우리는 분명 상대방에게 인상을 남길 것이다.

"엄청 화려한 분일 거라 생각했는데, 아주 수수하고 부드러운 분이셨군요."

너무 분위기를 살피며 아부하기보다는 진심을 털어놓고 있는 그대로 이야기하자. 그래야 서로를 있는 그대로 보고 이해해나가자는 분위기가 형성되기 시작한다. 그런 뒤에는 칭찬을 하자. 그러면 당신은 상대방에게 잊히기 어려운 존재가 될 것이다.

그밖에도 상대를 잠시 깜짝 놀라게 만들거나 감탄하게 만드는 등 그의 마음이 들썩 움직이게 만드는 이야기를 하자. 그럴 수 있다면 당신과의 대화는 상대방의 기억 속에 강렬하게 새겨질 게 분명하다.

04

함께할 미래를
멋지게 스케치하라

사람들이 자기소개 하는 것을 들어 보면 마지막 부분에는 장래의 목표와 관련된 이야기가 등장하는 경우가 많다. 예를 들어 "앞으로는 아이 키우는 일로 고민하는 어머니들을 돕고 싶다", "채용 때문에 고생하는 회사들이 앞으로는 없기를 바란다" 같은 목표들 말이다. 목표까지는 아니더라도 그가 어떤 분야에 전문성이 있는지, 어떤 기술을 가지고 있는지 등을 짐작할 수 있는 정보로 자기소개가 마무리되는 경우가 많다.

그러면 당신은 어떤 이야기를 이어나갈 수 있을까? 그와 협업했을 때 어떤 이상적인 상황을 만들어나갈 수 있을지를 이야기하며 협업을 제안해 보자. 즉 상대방의 목표나 전문성에 당신의 목표나 전문성을 결합한 비전을 제시해 보라는 말이다.

상대방의 목표나 꿈, 관심사에 대해 질문을 덧붙이는 것도 좋다. 그의 이야기를 듣다 보면 마치 당신이 그 사람의 팬으로서 인터뷰하는 듯한 상황이 될 것이다. 자신의 이야기를 진지하게 들어주는 사람을 나쁘게 생각하는 사람은 없다.

그런데 이런 대화를 잘 이끌어나가기 위한 전제조건이 하나 있다. 바로 당신 자신이 상대방에게 그리고 우리 사회에 어떤 도움을 줄 수 있는 존재인지를 평소에 명확하게, 군더더기 없이 잘 인식하고 있어야 한다.

구체적인 비전으로
강한 인상을 심어주자

예를 들어 마케팅 기획자와 웹디자이너가 만난다면 다음과 같은 이야기를 하며 이상적인 미래상을 함께 그려 볼 수 있을 것이다.

"우리가 협업한다면 모객 때문에 고생할 회사가 더는 없겠네요!"

건축가와 내구성 강한 자재 제조사의 경영자가 만난다면 다음과 같은 협업의 꿈에 내해 이야기해 볼 수 있을 것이다.

"드디어 '100년 건축'을 실현해 볼 수 있겠네요."

이런 대화는 실제 비즈니스로 발전할 수도 있고, 그 자리에서의 대화로 끝나고 말 수도 있다. 하지만 기필코 무언가를 팔겠다고 작정하고 간 자리가 아니라면 그 자리에서 나눈 대화가 즉시 비즈니스로 발전하지 않아도 괜찮다. 함께하는 미래 이미지를 그려서 밝고 긍정적인 인상을 남겼다면 그 자리에서는 그것만으로도 충분하다.

인간의 운명은 다른 사람과의 만남을 통해 변한다. "꿈은 다른 사람에게 이야기했을 때 이루어진다"라고 사람들은 말한다. 당신이 만난 사람이 당신의 꿈을 뒤에서 밀어줄 수도 있고, 협력자를 소개해줄 수도 있기 때문이다.

그러므로 당신이 가지고 있는 장래의 꿈에 대해 타인에게 말하는 건 당신의 미래를 좋은 방향으로 이끌어가는 데 아주 중요하다. 당신의 미래가 타인과의 만남을 계기로 바뀔 수 있음을 분명히 자각하자. 그러면 상대방에게 어떤 메시지를 표현하는 게 바람직한지도 분명히 알 수 있을 것이다.

특기 분야를 살려 이야기한다

나는 처음 만난 사람과 이야기를 나눌 때 상대방의 희망사항이나 관심 분야를 확인하고나면 인상에 남을, 유용한 문구를 생각해 제안해주곤 한다. 당신도 상대방에게 업무와 관련된 이야기를 들었다면 약간 방향이 빗나가도 좋으니 당신의 전문분야를 살려 가벼운 조언을 해 보라는 말이다. 만약 과자 회사를 창업한 지 아직 얼마 되지 않은 사람을 만났다면 나는 다음과 같은 소소한 의견을 내놓을 것이다.

"과자를 만들어 파는 회사라는 사실에 과자 '교실' 이미지를 덧붙이면 소비자들이 더 좋아하지 않을까요?"

또한 "명함에 이런 키워드를 넣으면 상대방이 단번에 회사를 이해하지 않을까요?", "강사로서의 실적 횟수를 좀 더 어필하면 고객을 더 모을 수 있지 않을까요?" 등과 같은 조언을 해줄 수도 있다.

당신의 전문분야는 무엇인가? 당신은 상대에게 어떤 분야의 조언을 해줄 수 있는가? 전문 컨설턴트가 아니더라도 상대방이 참고할 만한 말 한마디 정도는 할 수 있지 않을까?

05

경청하게
만드는 법

텔레비전 뉴스 프로그램에는 정해진 말하기 원칙이 있다. 보통은 "오늘 오후 2시경, ○○에 위치한 △△호텔에서 온라인 유통업체의 경영자들이 모여 최근 정부가 발표한 개인정보 보호 지침의 보완책을 마련하기 위해 심도 있게 논의했습니다"처럼 육하원칙에 입각하여 뉴스를 전달한다. 보도의 정석이라 할 수 있는 이런 말하기 방식에는 한 가지 치명적인 문제가 있다. 그 문장만 들어서는 이 뉴스가 무엇을 강조해 말하고자 하는 건지, 어떤 면에서 어느 정도 문제가 되는 건인지 등을 전혀 알 수가 없다는 점에서 그렇다. 이런 느긋한 전달방식으로 일관한다면 시청자들은 곧 다른 방송국의 뉴스를 보고자 채널을 바꾸고 말 것이다.

그런데 앵커가 어떤 소식을 전할 때 다음과 같은 문구를 가장 앞에 붙여 말하는 경우가 있다.

"정부의 개인정보 보호 지침에 온라인 유통업체 대표들이 제동을 걸었습니다."

이런 문구를 타이틀 문구라고 한다. 이렇게 타이틀을 먼저 이야기한 후 마치 퍼즐이라도 맞춰나가듯 자세한 이야기를 풀어 전하기 시작하면 시청자들은 첫 문구를 들었을 때 호기심을 자극받을 뿐만 아니라, 자신과 관련 있는 뉴스인지 아닌지를 이미 확실하게 판단하기 때문에 이어지는 뉴스에 제대로 집중을 할 수 있다.

듣는 사람이
초조해하는 이유는 무엇인가

일반적인 대화를 할 때도 주제를 알 수 없는 이야기가 너무 길게, 끊임없이 이어지면 듣는 사람은 불안하다. 특히 상대방이 처음 만나는 사람인 경우, 상대가 주로 어떤 이야기를 어떻게 풀어나가는 사람인지를 아직 전혀 알지 못하는 상황이기 때문에 '이건 도대체 무슨 이야기일까?', '나하고 관련 있는 이야긴가?' 하는 궁금증에 계속 시달리며 불편함이 사그러들지 않을 것이다. 듣는 이로서는 아주 불편한 상황이다.

회사에서 사업상 보고나 발표를 하는 경우에도 마찬가지다. 발언을 길게 하면 듣는 사람들은 '바빠 죽겠는데 핵심은 언제 나오는 거야?' 하며 초조해 할 수 있다. 말하는 이와 듣는 이의 이런 어긋남이 발생하는 이유는 무엇일까? 그건 '이야기하는 사람은 내용을 알고 있지만 듣는 사람은 모르기 때문'이다.

이야기는 짧은 것이 최고다. 이야기가 길어질 것 같으면 이야기의 본질을 드러낼 수 있는 타이틀 문구를 초반에 제시하자. 예고편처럼 말이다.

상대방이 들어줄 만한 타이틀 붙이는 법

그렇다면 타이틀 문구는 어떻게 붙이면 좋을까? 타이틀은 말할 내용의 단순요약이 아니다. 1장에서 소개했던 '핵심요약'에 가깝다. 즉 내용을 단순요약해서 길이만 짧게 만든 문구를 제시하는 게 아니라 이야기의 핵심을 간단하고 명쾌하게 전달하는 문구를 만들어 제시해야 한다는 말이다.

타이틀을 만들기 위해 핵심요약을 할 때는 다음의 네 가지에 집중해 보도록 하자.

- 이야기의 본질

- 결과 / 결론

- 감동 포인트

- 상대방이 얻게 될 이득

전체 이야기에서 가장 중요한 요점을 꼽을 때는 이것들을 생각해야 한다. 이야기의 수많은 내용 중에서 이것들이 요점인 이유는 무엇일까? 이야기를 들은 상대방이 해주길 바라는 특정행동의 입구로 상대방을 유인하는 핵심 포인트가 이것들이기 때문이다. 이 포인트를 정리해 타이틀 문구를 만들고 그 문구를 이야기의 가장 앞에 붙여서 상대방에게 전달하자. 예를 들자면 이런 문구다.

"폐점 위기까지 갔던 한 작은 서점이 기적적으로 부활했다는 소식입니다."

블로그나 메일, 기획서나 회의에서 타이틀을 붙여야 할 때도 마찬가지다. 이 모든 것들의 가장 큰 목적은 상대방이 흥미를 느끼게 하는 것, 그리고 끝까지 읽거나 듣게 만드는 것이다. 이를 가능하게 해주는 강력한 문구를 만들어 붙이도록 하자.

06

유명인의
도움을 받아라

사람들은 권위에 약하다. 그래서 전문가나 유명인의 말이라면 의심 없이 받아들이는 경향이 있다. 역사에 이름을 남긴 인물의 말은 시대를 초월해 살아남는다. 그의 말이 곧 진리이자 이견의 여지가 없는 말로 아주 오래도록 이용되니 말이다.

"스티브 잡스가 품질이 물량보다 더 중요하다고 말했죠"라고 이야기하면 상대방은 그 말을 절대적으로 옳은 하나의 진리처럼 대한다.

그러니 당신의 역량이나 실력만으로는 아직 상대방을 설득하기 어렵다면 널리 알려진 전문가나 유명인의 말을 통해 당신 주장의 합리성을 담보하자.

예를 들어, 기존에 함께 일하지 않았는데 당신이 협업을 요청했다는 사실에 상대방이 놀라움을 표한다면 상대에게 다음과 같은 말을 툭 던져 보자. 신뢰감이 훨씬 높아지는 걸 느낄 것이다. "사람과 사람을 연결해야 비즈니스가 만들어진다고 마크 주커버그가 말했잖아요."

유명한 말의 힘을 차용하자

유명한 사업가나 운동선수, 사상가의 명언에 갇힐 필요는 없다. 격언이나 속담, 사자성어도 효과적이다. 뿐만 아니라 노래 가사, 영화나 드라마 속 인물의 대사도 괜찮다.

• 사자성어

"이건 인터넷에서 일단 간단히 얻은 정보인데 제품에 반영하기 위해서는 정보 점검부터 완료해야 합니다. 인터넷의 정보들은 옥석혼효(玉石混淆, 옥과 돌이 한데 섞여 있다는 뜻으로, 좋은 것과 나쁜 것이 한데 섞여 있음을 이르는 말)니까요."

• 영화 대사

"상대방의 상황을 언제까지 이해해줘야 할까요? '호의가 계속

되면 그게 권리인 줄 안다'라는 말도 있잖아요." (영화 ≪부당거래≫
의 대사를 인용해 말함.)

텔레비전 프로그램에는 여러 학자나 평론가, 작가들이 패널로
출연한다. 그들에게는 전문분야에 관한 심오한 지식이 있고, 자
신의 의견에 설득력을 더하는 어휘력이 있다. 따라서 그들의 말
에는 적재적소에 강렬한 키워드들이 등장한다. 이들이 사용한
키워드와 그와 관련된 주장을 기억해두면 우리가 어딘가에서 관
련 있는 이야기를 할 때 활용할 수 있다.

"경제학자 ○○○ 교수가 말하길 '인구감소와 경제성장은 상
관성이 없다'고 합니다."
"의사인 △△△ 씨에 따르면 '컨디션을 상하게 하는 운동법도
있다'고 하네요."

언제든 명언에 접할 수 있는
생활 구조를 만들자

당신의 의견을 표현하려 하는데 그 무게감이 아무래도 부족하다
느껴진다면 다른 사람의 힘을 빌리면 정말 유용하니 평소에 명
언이나 정보를 잘 수집해두기를 권한다.

서적을 통해 전문가의 의견과 근거를 만나 볼 수 있고, 유명 사업가나 사상가들의 명언집도 수없이 많이 출판되어 있다. 인터넷에서도 명언이나 금언을 검색할 수 있게 모아둔 사이트를 쉽게 찾아볼 수 있다. 어떤 검색 포털사이트에서든 "스티브 잡스 명언"이라는 검색어를 한번 검색해 보기 바란다.

또 평소에 방송을 보거나 다른 사람의 이야기를 들으며 공감한 이야기가 있었다든가 어떤 사회 법칙에 대한 용어를 들었다면 이를 메모해두기 바란다. 이후에 언제 어디에선가 그 말이 딱 들어맞는 상황을 만나게 될 수 있다.

이렇게 말들을 메모해두었다면 언제든 찾아볼 수 있도록 이메일이나 스마트폰의 메모 앱에 보관하자. 누군가를 만나러 차로 이동하는 동안에, 혹은 장소에 먼저 도착하여 상대방을 기다리는 잠시 동안에 그 메모를 다시 훑어볼 수 있도록 말이다.

07

숫자로
기선을 제압해라

나는 숫자에 너무 약하다. 산수 시험을 보면 초등학교 5학년에게 도 질 자신이 있다. 이렇다 보니 다양한 분야에서 기준으로 사용 될 만한 숫자들은 그냥 통째로 암기해버린다. 예를 들어 다음과 같은 숫자들 말이다.

- 2021년 한국 국가예산은 약 558조 원

- 2020년 한국 인구 수는 약 5,178만 명

- 한글 반포 1446년

- 경부고속도로 기준 서울에서 부산 거리 428킬로미터

- 제곱미터에 3을 곱한 후 0을 하나 떼면 평수

숫자 센스가 부족한 나에게는 이런 암기가 매우 도움이 된다. 이 수치들은 다른 사항들을 유추하는 데에도 아주 도움이 된다. 수치를 대략적으로만 외워두어도 효용이 꽤 좋다.

숫자가
가져다주는 것들

수치를 넣어 이야기하는 건 설득력이나 현실감을 높이는 데 효과적이다. 매출액이나 인원, 질량, 일자 등의 숫자를 기억해두었다 이야기하는 것만으로도 일 잘하는 사람이라는 인상을 남길 수 있다. 예를 들어 프레젠테이션이나 회의를 할 때 "앞으로 설명 드릴 방법을 써서 매출이 25퍼센트나 증가한 사례가 있습니다"라고 타이틀을 붙여 이야기하면 사람들은 이어지는 이야기에도 진지하게 귀 기울여줄 것이다.

"인터넷에서 큰 반응을 일으켰습니다"라고만 이야기하면 추상적으로만 들리지만 "다운로드 건수가 1만 8,000건을 넘어섰습니다!", "'좋아요'가 6,000개 달렸습니다!"라고 말하면 사람들은 '정말 큰 반향을 일으켰구나!' 하며 훨씬 인상적으로 받아들일 것이다.

어떤 숫자를 기억해두면 좋을까? 우선, 당신이 어떤 업무를 하든 매년 찾아보고 기억해두면 유용한 숫자가 하나 있다.

"한국의 2019년 GDP는 1,919조 원입니다."

이런 기본적인 숫자들을 파악해두면 잡담을 나눌 때든 업무 협상 자리에서든 유용하게 이용할 수 있다. 당신이 소속된 업계, 분야와 관련된 수치도 파악해두도록 하자. 만약 숫자가 사람들의 통념과 달라 놀라움을 야기한다면 그 효과는 배가된다.

사회, 역사, 문화와 관련된 대화에서 유용성이 특히 높다. 예를 들어 "우리나라가 출전한 최초의 월드컵은 1954년 6월 스위스월드컵이었습니다"라고 말한 뒤 "한국전쟁이 끝난 다음 해였죠"라는 말을 덧붙인다면, 이야기가 좀 더 풍성하게 전달될 것이다.

축구선수가 인터뷰에서 이런 질문을 받았다고 해 보자. "축구 기술면에서 유럽과의 거리는 얼마나 될까요?" 이때 다음의 두 가지 중 어떤 쪽으로 대답하는 게 듣는 이의 주목을 끌까? "아직은 꽤 거리가 있지만 분명 머잖아 따라잡을 수 있을 거라 믿습니다.", "오늘 자로 한 100미터 정도가 아닐까 생각합니다."

당연히 후자다. 아직은 분명히 거리가 있지만 범접할 수 없을 만큼 멀지는 않다는 내용을 구체적인 숫자로 제시하니 말의 주목도와 인상이 크게 달라진다.

어떤 대화를 할 때든 구체적인 숫자를 들며 이야기하는 사람에게는 반론을 제기하기 어렵다. 숫자가 기세를 잡게 해준다.

장면 하나를 그림 그려주자

숫자를 사용하지 않더라도 구체적인 장면으로 생생하게 표현하면 상대방은 당신의 말을 이미지화해 쉽고 빠르게 이해할 수 있다. 미국의 트럼프 전대통령은 미일 안보상의 불평등을 호소하면서 이런 이야기를 한 적이 있다.

"미군은 일본을 위해 위험을 감수합니다. 하지만 일본은 미국이 공격받을 때 소니 텔레비전으로 그 광경을 지켜볼 겁니다."

내용의 옳고 그름을 떠나 "그들은 아무것도 하지 않을 것이다"라는 말을 "소니 텔레비전으로 그 광경을 지켜볼 것이다"라는 구체적인 장면으로 실감나게 표현했다. 이 장면을 상상한 사람들은 각자의 입장에 따른 생생한 감정을 경험할 것이고, 그 말은 기억에 남을 것이다.

업무를 할 때는 어떨까? "제품이 잘 팔리고 있습니다"라고만 보고한다면 듣는 사람은 시큰둥할 수 있다. 하지만 "지난주 생산 라인이 마비될 정도였습니다"라는 말을 덧붙인다면 듣는 이는 상황을 비로소 감각적으로, 실제적으로 인식할 것이다.

일상적인 대화에서 말할 때도 마찬가지다. "저희는 친한 친구예요"라고 말하기보다 "일주일에 한 번 이상은 꼭 만나는 친구예요"라고 이야기해 보자. "저 가게는 고급 요릿집이야"라고 말하기보다 "저 가게 메뉴판에는 가격이 적혀 있지 않아"라고 구체적인 장면을 이야기해 보자. 추상적이고 관념적인 이야기는 상대방에게 덜 전달되기 때문이다.

08

실력자들은 일부러 모르는 척한다
: 자기비하 대처법

사람들에게는 인정욕구가 있기 때문에 칭찬하는 말을 들으면 기뻐한다고 앞서 이야기했다. 하지만 인정받기를 갈구하는 사람만 있는 건 아니다. 정반대로 "저 같은 사람은 안 될 겁니다…" 하며 자신을 비하하는 사람도 있다.

하지만 이를 액면 그대로 받아들이면 안 된다. 말은 그렇게 해도 속으로는 그렇게 생각하지 않는 경우가 적지 않기 때문이다. 이들은 상대가 자신의 말을 부정해주기를 바라며 말한다.

그러니 상대방이 스스로를 비하하는 말을 했을 때 "아, 네" 하며 긍정하거나 아무 말도 하지 않은 채 상대의 말을 그대로 둔다면 그로부터 원망을 사게 될 것이다.

따라서 상대방이 스스로를 부정하는 말을 한다면 그 사람이 정말 그렇게 생각하고 있는 경우든 그렇지 않은 경우든, 그 말을 들은 즉시 상대방과 정반대의 의견을 내놓는 것이 정답이다.

"저는 사교적이지 못한 사람이라서요."
"무슨 말씀이십니까. 저에게 신경도 많이 써주셨고 사람들도 모두 호감을 가지고 있다고 생각해 왔습니다."

"별 볼 일 없는 시시한 성과를 내며 일해 왔습니다."
"에이, 무슨 말씀이세요. 자신을 겸손하게 바라보려 노력한다는 그 자체로 훌륭하십니다. 보통 사람들은 자신의 모습을 인식할 생각 자체가 없는 경우가 많잖아요."

상대방이 스스로를 비하한다면 정반대로 말하자

인간에게는 양면성이 존재한다. 인간은 절대 단순하지 않다. 점을 보러 가거나 타로카드로 운세를 점치러 가 보면 당신에게 양면적인 모습이 있다는 말을 듣게 될 것이다. 이건 당신으로부터 "맞아요! 제가 딱 그래요!"라는 말을 듣기 위한 전략적 말하기의 일환이다. "남들은 당신을 순한 사람이라고 생각할 거예요. 하지

만 사실 당신은 심지가 굉장히 굳은 사람이에요", "당신 주변에
는 사람이 없지 않지만 사실 굉장히 외로운 사람이에요", "당신
은 늘 사람들을 챙기고 밝은 기운을 전해주지만 사람들로부터
가끔 오해 사는 일이 있는 사람이에요."

　원래 실력 있는 사람일수록 겸손하다. 내가 모든 경우를 보고
들은 건 아니지만, 내가 지금까지 보아 온 바에 다르면 진정한 인
물들은 모두 겸허한 인격자였다.

　자신감이 있기에 겸손할 것이다. 좀 심술궂은 관점에서 보자면
자신이 겸손하게 굴어도 상대방이 이쪽의 실력을 간파할 수 있
는 사람인지 아닌지를 시험하는 게 아닌가 하는 생각도 든다. 모
든 경우가 이런 건 아니지만, 이런 경우가 실제로 있다는 걸 명심
하자. 그러니 "저는 이 정도밖에 안 되는 인간이라…"처럼 자신
을 낮게 평가하는 상대방의 말을 진심으로 받아들이면 안 된다.
그런 말을 들었을 때는 정반대의 문구로 분명히 되받아치기 바
란다.

3장

분위기를 전환할 땐
짧은 말로
쐐기를 박는다

당신의 이견을 보여줘라.
단, 매력적으로

많은 사람들이 공식적인 말하기보다 잡담 나누기를 어려워한다. 나도 마찬가지다. 잡담을 아주 잘 이끌어가는 사람은 실제로도 좀처럼 찾아보기 어렵다.

만약 당신도, 특히 많은 사람들 속에서 나누는 잡담에 서툴다면 일단 그저 잠자코 있기를 선택해도 좋다. '굿 리스너'가 되는 일도 중요하다.

그렇게 굿 리스너의 위치에 익숙해진 뒤라면 이제는 질문을 던져 보도록 하자. 상대방의 사생활 영역을 침범하는 질문만 아니라면 어떤 질문이든 만들어 보자. 질문하기에 익숙해진 뒤라면 이제는 잡담을 이끌어나가보자. 그런데 무슨 이야기를 하면 좋을까?

소통의 즐거움이라는 것의 본질은 무엇일까? 상대방과 공감대를 형성하고 일체감을 느끼는 데에서 소통의 즐거움이 탄생한다. 이를 위해서 당신은 어떤 의견, 어떤 콘텐츠를 준비하는 게 좋을까? 그건 다른 게 아니라, 당신 마음속에 형성되어 있는 주관이다.

다시 말해 당신이 당신의 의견을 가지는 일이 대화의 출발점이라는 말이다. 의미있는 대화는 각자의 의견으로부터 시작된다. 그런 대화여야 논의가 발생하고 공감대가 형성된다. 그러니 우리에게 필요한 것은 타인과 동일한 의견이 아니다. 타인과 다른 '이견(異見)'이 필요하다.

예전에 경력 사칭으로 대중의 뭇매를 맞은 경영 컨설턴트가 있었다. 컨설턴트로서의 제대로 된 실적이 없었다는 점이 사실로 밝혀지면서 한바탕 소동이 일어났었다. 사실 나는 방송에서 그의 말을 들으며 '이 사람은 컨설턴트가 아닐 거야'라고 예상했었다. 왜냐하면 그가 내놓는 의견들에는 그 자신의 고유한 의견이 없고 언론 기사에서 쉽게 접할 수 있는 대중의 의견 범주 안에 있는 아주 무난한 의견들만 있었기 때문이었다. 컨설턴트의 일은 대중이 미처 깨닫지 못하는 독창적인 착안점을 제시하는 것이다.

대화에서도 마찬가지다. 컨설턴트처럼 어떤 전문적인 창의적 식견을 준비해서 대화에 참여하라는 말이 아니다. 대화에는 이견이 필요하다는 말이다. 당신이 대화에 참여했을 때 상대방의 주목을 끌고 당신에 대한 특별한 이미지를 만드는 건 당신의 평범한 말이 아니다. 당신의 '이견'이다.

한 가지 덧붙이자면, 상대방을 알고 배려하는 마음으로 대화하길 바란다. 단 하나의 문구라도 상대방을 배려하는 데 할애한 뒤 이야기를 해나가야 한다. 그래야만 당신의 말이 상대방의 마음에 박혀 들어가고 공감대가 형성되기 때문이다. 이번 장에서 소개하는 기술을 활용하여 대화의 기술을 갈고닦아 보자.

01

까다로운 상대는
이렇게 분위기를 전환해라

카피라이터는 상품의 캐치프레이즈를 만들 때 타겟 고객에 따라 핵심 메세지를 바꾸는 경우가 있다. 상품의 강점이 몇 가지 있을 때 남성잡지에 게재할 광고에는 A라는 강점을 언급하지만 여성잡지 광고에는 B라는 강점을 최우선으로 언급하는 식이다.

상대에 따라 가슴에 콕 박히는 포인트가 다르기 때문이다. 이처럼 카피라이터는 그 문구가 닿을 상대가 누구인지를 면밀히 의식하면서 캐치프레이즈를 만든다.

대화에서는 어떨까? 대화를 하기 전에 상대방의 니즈가 무엇일지를 예측하고, 제대로 파악한 뒤에 대화를 나누는 게 좋다. 마케팅 분야에서 '니즈(needs)'는 일반적으로 현재상태와 바람직한 상태 간의 격차 자체를 의미하거나 그 격차를 메우기 위해 요구되는 해결책이나 수단 등을 의미한다. 상대방의 니즈를 알자는 말은 다른 말로 표현하자면 상대방의 마음이 어디에 있는지를 알자는 말이다.

어떤 용어를 사용하든 중요하지 않다. 상대가 어떤 생각이나 희망을 가지고 있는지, 그가 안심하고 싶어 하는지 혹은 인정받고 싶어 하는지 아니면 올바른 일을 하고 싶어 하는지, 그가 얻고 싶은 건 기쁨인지 명예인지 이익인지, 그가 사회공헌에 관심을 가지고 있는지, 도덕을 중시하는지, 신뢰를 얻고 싶어 하는지, 또 역으로 무엇을 두려워하는지, 무엇을 잃지 않고 싶어 하는지 등을 파악하는 일부터 시작해야 한다.

상대방이 무슨 말을 듣고 싶어 할지를 탐구하자

'남을 움직이는 화법'이라 일컬어지는 것들을 살펴보면 상대가 알아듣기 쉽게 말을 전달하는 노하우를 가르쳐주는 경우가 많다. 하지만 '전달'만으로 상대방이 움직여줄까? 그렇지 않다. 상대를 움직이게 만드는 일의 핵심은 상대가 '움직이고 싶어지는 메시지'를 전달하는 일이다. 그러려면 상대방이 처한 상황이나 마음을 제대로 헤아리는 게 선결조건이다.

아주 일상적인 예를 들어 보겠다. 지인의 SNS 게시물에 댓글을 다는 상황을 생각해 보자. 이때 우리가 생각해야 할 것은 '뭐라고 적으면 좋을까?'가 아니다. '이 사람은 내가 뭐라고 써주기를 바랄까?'를 생각해야 한다. 그래야만 상대방이 나의 댓글을 읽고 기쁨을 느끼게 할 수 있다.

한 가지가 더 있다. 바로 '그 사람이 자주 쓰는 말을 사용하는' 방법이다. 누구든 자신이 자주 쓰는 말은 쉽게 받아들인다. 심리학에서는 누군가가 자신의 말이나 행동, 제스처 등을 따라했을 때 그 사람에게 호감을 느끼는 효과를 미러링(Mirroring)이라 부른다.

이 전략은 캐치프레이즈를 쓸 때도 활용된다. 전문용어를 쓰지 않고 예상고객이 주로 사용하는 말을 선택해 문구를 만드는 것이다. 그러면 예상고객들은 내용을 아주 신속하게 이해하고 자신의 일처럼 받아들인다. 그래서 마케팅 업계에서는 예상고객이 사용하는 키워드를 조사한다.

일상에서 대화할 때도 이를 적용해 보자. 상대방의 말버릇을 비슷하게 따라해 보거나 상대방이 자주 쓰는 단어 등을 사용해 이야기하면 상대방은 당신을 자신과 비슷한 가치관을 가진 사람으로 인식할 것이다.

상대를 파악하자,
한 번 더 파악하자

장기를 두는 기사들은 수십 수 앞을 읽는다는 말이 있다. 장기판을 180도 회전시켜 생각할 때도 있다고 한다. 대전 상대의 입장이 되어 어떻게 공격하면 상대방이 곤란할지를 생각하며 약점을 파악해나간다고 한다. 이처럼 승부를 겨룰 때 상대방의 입장에서 국면을 파악하면 수비와 공격에 유용한 관점을 가질 수 있다.

승부를 겨루는 일은 아니지만 대화에서도 상대의 입장이 되어 그의 기분을 파악해나가는 일은 중요하다.

사람마다 다르지만 가만히 귀를 기울여주는 것만으로도 만족하고 "이야기를 들어줘서 좋았다"라고 느끼는 사람도 있다. 제대로 들어주기만 해도 남을 배려할 줄 아는 사람이라고 인식될 수 있다. 이런 상황이 되어야 당신은 비로소 대화 내용 전체를 객관적으로 파악하고 위에서 아래를 조망하며 이야기 흐름을 파악하는 단계에 진입할 수 있다.

지름길이 있다. 주변 사람 중에 '자기 자신밖에 모르는 사람'이 누구인지 생각해 보자. 그리고 그를 반면교사 삼아 당신의 말과 행동을 돌아보고 수정하자. 우리는 상대방의 입장과 기분을 헤아리며 대화해야 한다.

02

당신이 완벽주의자라면
무조건 필독

'센스 있게 말해야 한다'는 압박감에 시달리는 사람들이 있다. 이들은 압박감에 억눌린 나머지, 발언하기를 망설이기도 하고 입을 열 때는 자신감 없이 쭈뼛거리거나 심하게 초조한 모습을 보이기도 한다. 그야말로 본말전도다.

낯가림이 심한 사람들 중에는 완벽주의자들이 있다. 이들은 '지금 내가 나쁘지 않은 말을 꺼낼 수는 있는데 그 말이 완전무결한 건 아니다'라는 생각 때문에 발언 횟수를 스스로 줄인다. 사실 나도 예전에 오랫동안 이 유형의 인간이었다.

혹시 당신도 그런가? 그렇다면 부디 발언 횟수를 늘리고 주위 사람들에게 인정받을 기회를 늘려가기를 바란다. 스스로 생각하기에 '이건 대단한 의견은 아닌데' 싶은 발언도 누군가의 동조로 즉각 업그레이드되어 대단한 의견이 될 수 있고, 당신의 발언을 들은 타인이 당신의 말을 더 재미있는 아이디어로 바꿔줄 수도 있다. 그 기회를 버리지 말자.

그렇다면 발언 횟수는 어떻게 하면 늘릴 수 있을까? 다음과 같이 다리 역할을 하는 도입 문구를 사용해 보자. 이런 문구로 자연스럽게 운을 뗀 뒤 본격적인 이야기를 자연스럽게 이끌어나가 보자는 말이다.

"듣고 보니 이런 생각이 드네."
"방금 생각 난 것인데…"
"조금 주제에서 벗어날 수도 있겠습니다만…"

겸손한 말로 양해를 구하는 도입 문구를 사용해도 아주 좋다. "대단한 이야기는 아니지만…", "기억이 아주 정확한 건 아닌데…" 하는 도입 문구 말이다.

이렇게 말해서 겸손한 모습을 보인다고 해서 손해 볼 일은 전혀 없다. 왜 그럴까? 이런 말을 해두면 상대가 이미 비판적인 태도를 갖고 당신의 말을 들어야겠다고 생각하고 있기 때문에 당신이 설사 아주 틀린 말을 하더라도 당신을 책망할 사람은 없을 깃이다.

완전무결하게 전달하면
정말 재미없다

아무리 우수한 사람이라도 실현성 높은 해결책을 단번에 내놓기는 힘들다. 완벽한 의견보다는 상대가 파고들어 볼 여지가 있는 의견을 제시할 때 논의가 건강하게 확장되어가는 법이다.

'나만 신경 쓰이는 문제일 수도 있지만 공유해 보고 싶다' 하는 생각이 들었다면 다음과 같은 도입 문구로 운을 떼면 된다.

"별게 아닐 수도 있지만 혹시나 해서 이야기합니다."
"참고가 될지 모르겠지만…"

발언의 문턱을 낮추는 일은 중요하다. 혹시 당신이 사교적인 자리에서 사회자로서 진행을 맡게 되었다면 참가자 전원에게 발언의 문턱을 낮춰줌으로써 자유롭게 논의하고 의견을 교환할 수 있는 분위기를 만드는 일이 그 행사의 성패를 좌우할 수도 있다. 혹은 당신이 어떤 아이디어가 필요한 자리라든가 제안이 오고가야 하는 자리에 있다면 그 자리는 양이 질을 낳도록 해야 하는 자리라는 점을 기억하자. 조금 모자란 아이디어, 너무 파격적이라 다소 거부감을 야기할 수 있는 아이디어도 기탄없이 꺼내는 분위기를 당신이 직접 만들어 보는 것도 좋은 전략이다.

서론부터? No! 결론부터 말한다

사람들은 '그래서 하고 싶은 말이 뭐야? 결론부터 말해'라는 생각을 자주 한다. 그렇기에 거의 모든 말하기 전략서에 "결론부터 말하라"라는 내용이 실려 있기도 하다. 간단한 말이지만 이를 실천하는 일은 간단하지가 않다.

모든 이야기는 사실 논리가 아주 중요하다. 즉 결론의 전제와 조건들이 아주 중요하다는 말이다. 하지만 일단 상대가 당신의 말에 귀 기울이게 하는 데 실패한다면 그 논리가 아무리 대단하고 무결한 것이더라도 소용이 없다. 어떻게 해야 할까? 이야기를 시작하는 도입부에 결론을 제시하자. 단 궁금증을 야기하는 문구로 제시하자. 예를 들어 프레젠테이션을 한다면 마지막에나 나올 법한 제안을 프레젠테이션의 도입 부분에 과감히 제시해버리자. 단 그 제안의 키워드만 제시해서 궁금증을 유발하자. 그러면 결론부터 말해버릴 때 상대가 충격을 받는 건 아닌지, 혹은 스포일러처럼 대화를 김빠지게 하는 건 아닌지를 걱정할 필요가 없다.

이렇게 하기 위해 우리에게 꼭 버려야 할 생각이 하나 있다. 자세히 설명하고 제대로 설명하지 않으면 상대는 이해하지 못할 것이라는 생각을 버리자. 단, 결론이 나중에 나오는 게 나은 경우도 분명히 있다. 힘든 부탁을 하거나 가혹한 선언을 해야 할 때가 그렇다. 이런 이야기는 논리적인 순서에 따라 이야기를 차근차근 풀어나가도록 하자.

분위기 파악을
안 하는 것도 기술이다

발언을 할 때 분위기를 파악하고 그에 맞게 말하는 건 기본적인 원칙이다. 업무에서도 일상적인 대화에서도 분위기를 파악하지 않고 이야기하는 사람들은 일이나 관계를 원활하게 이어나갈 수 없다.

기회가 있어 원양어선을 타는 사람의 이야기를 들은 적이 있다. 그가 말하길 밖에서는 원양어선이라는 일터가 거친 남성들이 모여 있으니 서로 위협적인 관계를 맺으며 매일 험난하게 일하고 있을 거라 생각하지만 실상은 그와 거의 정반대라고 했다. 그들은 짧게는 몇 개월, 길게는 몇 년에 걸친 긴 시간 동안 서로 얼굴을 마주 보아야 하기 때문에 초보가 아니라면 서로를 매우 배려하며 말하고 행동한다고 했다.

물론 분위기를 파악하고 말하는 것, 그리고 상대가 거슬려하지 않도록 말하는 것은 꽤 중요하다. 하지만 그 반대도 중요하다. 말을 해서 상대에게 인상을 남기고 주목을 끌겠다는 목적을 가지고 있는 경우라면 어떨까? 이야기의 흐름에 너무나 잘 녹아든 발언만 던진다면 아무도 당신의 말에 특별히 귀 기울여주지 않을 것이다. 과격하게 말하자면, 한 번쯤 다시 생각해 볼 필요를 일으키지 않는 발언은 안 한 것과 마찬가지다. 상대와 나눌 가치가 있는 말, 상대에게 어떤 인상을 남기는 말은 분위기를 그대로 유지시키는 데 기여하는 발언이 아니라 분위기를 깨는 발언이다.

친구끼리 대화할 때도 마찬가지다. 항상 무난한 대답만 해서는 진정한 친구가 되기 어렵다. 때로는 이야기의 흐름을 막는 지론을 펼치며 진심을 털어놓을 때 비로소 친한 친구 관계가 형성될 수 있다.

분위기가 아니라 흐름을 타자

이야기가 좀 더 나은 방향으로 진행되도록 전환점을 만들고 싶을 때가 있을 것이다. 그럴 때는 분위기를 바꿔줄 수 있는 어떤 발언을 던져야 한다. 하지만 당장의 분위기를 바꾸거나 흐트러트리는 말을 꺼내기에는 왠지 주눅이 든다.

이럴 때는 적당한 다른 사람이 있다면 그의 발언을 유도해 보는 것도 괜찮은 방법이다. 단 그를 당황하게 하지 않는 선에서 말이다. 예를 들어 "그런데 ○○ 씨는 ~한 일이 있었죠?" 하며 그가 말을 하도록 하는 것이다. 그의 말을 통해 흐름이 바뀌기를 기다려 보는 것이다. 혹은 그의 말이 끝나면 그 말을 건네받아 더 발전시켜나가는 것도 좋다.

사실 화제를 갑자기 바꾸는 것도 나쁘지 않다. 하지만 이럴 때는 도입 문구를 넣는 게 자연스럽다. "좀 다른 이야기일 수도 있는데…", "~라는 말을 들으니 생각난 건데" 하며 다른 화제의 운을 떼는 것이다. 이렇게 하면 상대방이 화제 전환으로 인해서 크게 당황하는 일은 없을 것이다.

미국에는 주위 사람에게 맞추려고 노력하지 않는 사람이 동조성 높은 사람보다 연 수입이 1만 달러 정도 더 높다는 조사 데이터도 있다. 자신의 페이스를 언제든 지켜나가는 사람이 그렇지 않은 사람보다 주요 자리에 선택받는 경향이 있다는 것이다.

하지만 마냥 제멋대로 활개를 치면 상대에게 불쾌감을 야기한다. 그러면 어떤 선을 지켜야 할까? 상대를 배려할 줄 알면서 분위기에 억지로 동조하지는 않는 그 선을 지키는 것이 좋다.

독창적이고 주체적인 의견을 내야 한다는 압박감도 우리의 마음속에 분명히 존재하는 감정이다. 하지만 상대의 모든 말에 이의를 제기하거나 대화를 할 때마다 분위기를 크게 전환시키는 습관을 가진다면 머잖아 상대는 우리의 말에 귀 기울이기를 거부할 것이다. 상대방이 무슨 말을 할 때마다 "그렇지만", "아닌데", "그게 아니라", "그것과는 달라" 하며 되받아친다면 당신은 그저 심사가 뒤틀린 무례한 사람이라는 꼬리표를 달게 될 것이다. 성공적인 대화가 시작부터 불가능해진다는 말이다.

대인 영업 현장에서 오랫동안 일해 온 분으로부터 들은 이야기가 있다. 이분은 상대가 무슨 말을 하면 "그럼요. 그럼요" 하며 대부분 순순히 받아들이는데 몇 번에 한 번 정도는 일부러 반대 의견을 내놓는다고 한다. 그러면 상대는 "그건 말이죠. 이러이러하니까 이게 맞아요" 하며 설득하려 하는데 이때 다시 한번 "글쎄요. 아닌 것 같은데요" 하며 받아들여주지 않는다고 한다. 그러면 마침내 화가 난 상대방이 "아니라니까요! 이건 이렇고 저건 저래서 그렇게 되는 거라니까요!"라고 하는데 그때서야 정신이 번쩍 들었다는 듯이 "아! 그렇군요. 제가 이해를 못했네요. 이제 알겠어요!" 하며 동조한다고 한다. 그러면 상대방은 체증이 쑥 내려간 듯이 아주 만족스러워한다고 한다. 마냥 '예스'만 외쳐 대는 예스맨에게서는 절대 맛볼 수 없는 긴장감과 만족감을 맛보게 해주는 대단한 기술이라 생각했다.

업무에서도 마찬가지다. 회사의 업무 패턴에 익숙해져버린 경영진의 입장에 어긋나지 않겠냐는 일념만으로 기획을 하고 제안서를 쓴다면 회사에 별다른 인상을 남기지 못할 가능성이 있다. 많은 경영진들은 새로운 시도를 통해 회사가 새로운 상품을, 새로운 시장을 개척해나가기를 바라고 있다. 모든 직장인은 착실히 커리어를 쌓아가면서도 이를 잊지 말아야 한다. 특히 컨설턴트를 업으로 삼고 있는 이들은 상대방의 이런 니즈를 정면돌파하는 것이 자신의 핵심과제임을 잊지 말아야 한다.

04

어떻게 개그맨처럼
치고 들어갈까?

개그 프로그램을 보면 주고받기식 만담을 하는 희극인들이 큰 웃음을 주는 경우가 많다. 만담 중에는 이런 패턴이 있다. 한 사람은 황당하고 우스운 발언을 지속적으로 던지고 다른 한 사람은 그의 발언에 반복적으로 "(당황한 말투로) 대체 왜 이러는 걸까요?"하며 국면을 정리하는 사회자 같은 역할을 하는 식이다. 이런 개그는 콤비나 팀 단위로 인기를 얻게 되는데 그중에서도 사회자 역할을 담당한 희극인은 다른 여러 프로그램에서 진행자나 패널로 발탁되는 등 다른 영역으로 발을 넓혀나가곤 한다.

만담 속에서 이 사회자의 역할은 상대가 비상식적이거나 황당한 발언 혹은 행동을 했을 때 이를 상식적인 입장에서 응대하는 역할이다. 따라서 이 역할을 참고하면 업무 현장에 때로 꼭 필요한 임기응변식 커뮤니케이션 능력을 배우기가 아주 좋다. '센스 있는 말하기' 말이다.

희극인들처럼 멋지고 재미있게 응대하기는 어려울 것이라는 생각이 들 것이다. 하지만 한 인기 개그맨은 이렇게 말했다. "바보 역할에는 재능이 필요하지만 사회자 역할은 누구나 연습하면 잘할 수 있습니다." 일리가 있다. 둘 중에 어떤 역할을 맡아 연기할 것이냐는 질문을 받았다고 생각해 보자. 분명 사회자 역할이 쉬울 것이다. 우리에게 누군가가 좀 엉뚱한 말을 하거나 실패하는 모습을 보였는데 갑자기 무슨 센스 있는 말을 해줘야 할지 고민해도 별달리 떠오르는 게 없다! 그럴 때는 부드럽고 재치 있는 어조에만 신경을 써서 "그게 뭡니까?", "그럴 리 없잖아요!"라고 반응해주기만 해도 된다. 센스 있는 농담을 별도로 생각하지 않아도 되니 어렵지 않게 적용해 볼 수 있을 것이다.

빈틈을 찾아
치고 들어가는 연습을 하자

당신 주위에 있는 상사나 사장, 단골 거래처 직원이 농담을 좋아하는 상황이라면 특히 이 사회자 역할은 크게 환영받을 것이다. 만담 안에서 사회자 역할이 제대로 서면 우스꽝스러운 역할도 제대로 빛을 발하기 때문이다.

또한 이 사회자 역할은 누군가가 실수를 했을 때 분위기를 누 그러뜨려주는 역할도 한다. 국내 지점조차 없는 작은 기업의 부 장이 부하 직원의 실수를 질책하다가 마지막에 숨 쉴 틈을 만들 어서 "다음에 또 이런 실수하면 저 멀리 프랑스에 있는 지점으로 보내버릴 겁니다!"라고 센스 있는 농담을 끼워 넣는다면 부하 직 원은 반성하면서도 왠지 모르게 구원받은 느낌을 받을 것이다.

사실 카피라이터의 일에도 빈틈을 만들어 치고 들어가는 말이 필요하다. 상품을 개발한 기업도 깨닫지 못한 새로운 가치를 찾 아내거나 소비자의 숨은 니즈를 파헤치는 일이 그것이다. 허점 을 치고 들어가는 한 줄로 대성공을 거두는 캐치프레이즈들이 있다.

예를 들어 보자. 한 식품회사가 판로를 고민하며 저녁 반찬 시 장에만 초점을 맞추고 있을 때 "이건 선물로도 딱입니다" 하며 빈틈을 치고 들어갈 수 있다. 혹은 유서 깊은 가게가 선물용으로 내놓은 식재료에 다음과 같은 캐치프레이즈를 붙일 수도 있다.

"선물하기 아깝다. 내가 먹자!"

한 수산물 가공업체가 나에게 어묵 제품 카피라이팅을 의뢰하 며 이렇게 말했다. "어묵을 먹으면 질 좋은 단백질을 섭취할 수 있어 요즘 근육 트레이닝을 하는 사람들에게도 주목받고 있습니다. 이 기회에 어묵에 들어 있는 영양소를 다시 한번 어필하고자 합니다." 나는 의외의 빈틈을 찾아 치고 들어가야겠다 생각했다. 그리고 다음과 같은 한 줄을 제안했다.

"생선도 고기다."

빈틈을 센스 있게 치고 들어가는 말하기는 연습하면 잘할 수 있다. 평소에 개그 프로그램을 볼 때 연기자들이 말하는 방식을 보고 거듭 생각하며 연습해 보자. 가벼운 맞장구나 딴죽 걸기는 이런 말하기의 일종이다. 당신이 부하 직원에게 기획서 작성을 맡긴 뒤 진행상황을 물었다고 생각해 보자.

"기획서는 어떻게 됐나요?
"준비 중입니다."
"여기, 음식점인가요?"

빈틈을 치고 들어가는 말하기에는 몇 가지 패턴이 있다. 우리가 전문 희극인은 아니니 이를 완전히 익힐 필요까지는 없겠지만 참고하도록 하자.

- **정정형** : 상대방 발언의 오류나 모순을 바로잡아 지적한다.

"6월인데 이렇게 더워서야! 끝없이 더워지는 걸까요?"

"12월쯤 되면 적당히 시원해지겠죠, 뭐!"

- **질문형** : 부정적 상황을 가져와 상대방의 실수나 무례함을 의문형으로 지적한다.

(전화를 걸어 자기 이름조차 밝히지 않는 부하 직원에게) "혹시 보이스피싱인가요?"

- **수긍형** : 상대방의 실수나 무례함을 일단 받아준 뒤 그의 의도를 확대시켜 부정한다.

"살찐 거 아냐?"

"맞아. 뭐? 엘리베이터 타면 삑 소리 나겠다고? 무슨 그런 얘기를 하니!"

- **예시형** : 다른 부정적 상황에 빗대어 상대방의 말을 부정한다.

(칭찬하다 갑자기 단점을 지적하는 친구에게) "케이크에서 갑자기 매운 카레 맛이 나는 것 같네."

- **무시형** : 굳이 반응하지 않을 것임을 드러낸다.

(의견이 있다면서 침묵하고 있는 상대에게) "네, 그럼 다음 분!"

05

대화를 진행시키고 싶을 때
슬며시 유도하는 법

자기 힘으로 정답에 도달하게 한다. 이는 컨설턴트나 코칭의 기법 중 하나다. 컨설턴트가 "이번에는 이렇게 하세요" 하며 제시하는 해결책에 따르기만 한다면 당사자에게는 노하우가 축적되지 않는다. 뿐만 아니다. 조언이 누적되면 거부감도 높아진다.

그러니 질문을 던지자. 혹은 힌트를 제공하자. 그렇게 당사자들의 생각이 자연히 앞으로 나아가게 만들자. 최종적으로는 본인들이 스스로 생각하여 정답을 도출해냈다고 느끼게 만들어주자. 그러기 위해서는 이런 말을 적재적시에 사용하는 게 좋다.

"이렇게 된 원인은 무엇일까요?"

"그 방안을 어떻게 하면 실현할 수 있을까요?"

"혹시 이러이러한 방향으로도 가능할까요?"

상대방의 생각이 바람직한 어떤 지점에 도달할 수 있도록 적절한 질문을 던져주도록 하자. 이른바 물고기를 주지 말고 물고기 잡는 법을 가르치라는 교훈과도 비슷한 이야기다.

상대방을 유도한다는 것. 취재기자가 전문가에게 질문하면서 실은 자신이 말하고 싶었던 내용이 전문가의 입을 통해 말해지도록 유도하는 것이 바로 이것의 예다.

유도의 기술

취재기자들이 인터뷰를 진행하기 전에 작성한 메모지를 보면 "그러면 ~라고 말할 수 있겠군요"라는 문구가 떡하니 적혀 있는 경우도 있다. 인터뷰를 할 때 말만 조금씩 바꾸면서 똑같은 질문을 몇 번씩 던져 그가 의도했던 정답에 가까운 답변을 끝내 이끌어낸 뒤 이를 갑자기 확대 해석해 보도하는 경우도 있다.

이를 역으로 이용하면 어떨까? 취재를 받는 사람이라면 기자에게 "이 부분이 이야기의 본질이니 이 부분만큼은 꼭 기사에 넣어주었으면 좋겠다" 하고 말하고 싶은 부분이 있을 것이다. 그런 경우라면 직접적으로 그렇게 말하지 않더라도 기자가 그 말을 그대로 가져다 보도하고 싶을 정도로 확실히 눈에 띄는 선명한 키워드로 말을 만들어 기자에게 던지면 될 것이다. 이 경우에는 기자가 유도되었다고 볼 수 있다.

그러니 이런 유도에는 선의가 필요하다. 파급효과에 대해서도 고려해야 한다. 우리는 이것을 꼭 전제하도록 하자.

이 전제조건을 만족하는 경우라면, 사업상 미팅에서 상대가 당신의 제안을 받아들이도록 유도하고 싶을 때 다음과 같은 문구를 사용해 상대방의 의견을 살짝 유도해 보자.

"업계 사정을 알고 계시는 여러분이라면 별다른 문제없이 찬성해주시리라 생각하고 있습니다만…"

"이 기본 전제에 반대하는 분은 없다고 믿고 어떤 대안을 선택해야 할지에 대해 논의하고자 합니다."

한편 나는 세미나를 진행할 때마다 수강생들이 강의에 대한 의혹을 접고 적극적으로 세미나를 듣도록 유도하기 위해서 꼭 하는 말이 있다. 세미나 초반에 실패 사례들을 슬라이드로 보여준 뒤 이렇게 묻는다. "여러분은 이 케이스들의 문제점이 무엇인지 정확히 알고 있나요? 이 케이스들의 실패 원인과 예방법, 해결법을 지금 여러분이 바로 떠올리지 못하는 이유는 무엇일까요? 이것들을 저와 함께 한번 깊이있게 생각해 보시면 도움이 되실 것 같은데, 어떠신가요? 괜찮으신가요?"

이렇게 세미나 도입부에 최종 목표를 인식시켜주면 효과적이다. 세미나를 듣기 전과 후의 격차를 인식하게 만들 수 있기 때문이다. 실패 사례를 보여주면 그런 사례를 만들지 않겠다는 혹은 극복해내겠다는 목적의식을 가지게 할 수 있다. 의문문을 던져 수강생이 답하게 함으로써, 수강생으로 하여금 자신이 스스로 세미나를 듣기로 결정했고 주체적으로 학습을 완수해냈다는 긍정적인 인식을 심어줄 수 있다.

06

적막한 자리에서는
놀라운 이야기를 꺼내 보라

누구나 새로운 일에 흥미를 느낀다. 그중에서도 지적 호기심은 인간을 성장시킨다. 강한 지적 호기심이 있는 사람이야말로 당신이 사귀어야 할 사람이다. 인간은 누군가 새로운 정보를 주면 감동하고 감사해한다. 다른 어떤 사람보다도 정보 제공자에게 호감을 품는 사람들도 있다.

한때 상식을 선보이는 방송 프로그램들이 유행했던 적이 있다. 그때만큼 인기가 좋은 건 아니지만 그렇다고 해서 상식에 대한 사람들의 흥미가 사라지지는 않았다. 사실 이 흥미는 사라질 수 있는 게 아니다.

티비나 라디오, 전문가들의 개인방송을 통해 알지 못했던 것을 배우게 되거나 평소 생각했던 것과 진실이 의외로 다르다는 걸 깨달을 때가 있을 것이다. 강연이나 책, 잡지 등을 통해 접하게 되는 인상적인 이야기들도 있을 것이다. 나는 이런 것들을 적당한 곳에 꼭 메모해두었다가 다른 이에게 말해주곤 한다. 예를 들자면 이런 이야기들이다.

"산에 떨어져 있던 사슴뿔을 개 간식으로 만들어 팔아서 큰돈을 번 사람이 있잖아요."

상대가 "정말요?"라고 반응할 이야기를 꺼내자

영업을 하러 고객사를 다니다 보면 이야깃거리가 떨어져도 한번 앉은 자리에서 금세 일어날 수는 없다. 그럴 때는 어떻게 대처해야 좋을까? 잠시 앉아 평범한 일상 이야기도 나눠 보고 미소도 남겨 보고 농담도 던져 보고 하는 그런 식으로는 상대방에게 딱히 좋은 인상을 남겼으리라 기대하면 안 된다.

이때 동종 업계 타사의 이야기를 꺼내 놓을 준비가 되어 있다면 대화에 활기가 일어날 가능성이 아주 높아진다. 게다가 타사와 관련된 이야기 중에서도 예상 외의 성공을 거둔 사례에 관한 구체적인 이야기라면 어떨까? 대화의 몰입도는 급상승될 것이다. 그런 대화를 마치고나면 상대방은 이렇게 생각할 것이다. '저 친구는 도움이 되는 친구로군. 저 친구와 대화하면 적어도 시간 낭비는 아니겠어.'

가까운 사람들끼리 대화하는 경우라면 가벼운 퀴즈 같은 형식으로 말을 시작해도 좋다. "○○으로 힘들어 하던 그 가게 있잖아요. 이렇게 문을 닫나 보다 했는데 의외로 잘 버텨냈잖아요. 그 가게는 대체 문제를 어떻게 해결했을까요?"처럼 말이다. 서로 대답을 내놓으며 밀도 있는 대화를 이어나갈 수 있을 것이다.

상대방이 아직 대화의 감동에서 벗어나지 못했을 때 꼭 이렇게 말해주자. "고객님 회사에도 머잖아 그런 의외의 멋진 일이 일어날 겁니다." 당장은 아니더라도 영업 효과는 분명 있을 것이다.

의외의 사실을 어필하는 캐치프레이즈들이 있다. 특히 광고방송에는 제품과 관련된 의외의 사실을 임팩트 있게 전하고자 하는 전략이 숨어 있는 경우가 많다. 이런 식의 말들이 그 예다.

"길거리에 방치되어 있다. 나의 가장 비싼 물건이." (주택 보안시스템 서비스)

"3분에 한 개씩 팔린다." (가구 제품)

"10억 명과 대화할 수 있다. 영어만 된다면!" (영어회화 교재)

감정을 흔든다

감정을 흔드는 문구란 듣는 사람의 감정이나 기분을 자극하는 표현을 담고 있는 문구다. 특히 제품이나 서비스에 감정적인 문구를 덧붙이면 좋든 나쁘든 일단 인상을 남기게 된다. 다음 문구들이 어떤 감정을 불러일으킬지 생각해 보자.

"올해 단 한 번! 단 1,000명에게만 허용되는 역대급 할인"

"최고의 캐릭터 퀄리티. 클릭 즉시 악몽 예약"

"부장님이 들으면 일주일은 드러누울 가격"

"할리우드에서 곧 사갈 시나리오"

"리트윗 폭발 예정"

감정에 호소하는 표현을 잘 만들어 쓰려면 연습을 거듭해야 한다. 감정적 반응에 둔감한 사람들도 있으니 때로는 다소 과장된 표현을 아끼지 말자.

07

내 말에 누구도
끼어들지 못하게 하는 법

말을 짧게 할 때 누릴 수 있는 아주 큰 이득이 있다. 다른 사람들이 중간에 끼어들기 어렵다는 점이다. 그러니 짧은 문구로 단숨에 이야기를 전달하는 연습을 꼭 하자. 당신의 삶 전반에 걸쳐서 아주 유용할 것이라 장담한다.

발언을 할 때는 기본적으로 또박또박, 다소 높고 큰 목소리로 말하는 게 중요하다. 낮은 음정으로 소곤소곤 말을 하는 건 나에게는 아직 자신감이 없다고 고백하는 것과 같다. 당신의 목소리를 근거로 상대방은 당신이 중요한 얘기를 하는 건 아닐 거라고 단정해버린다. 그리고 당신의 말 중간에 다른 사람이 끼어들기가 아주 쉽다.

시험 삼아 한번 작은 목소리로 이야기해 보기 바란다. 바로 확인할 수 있을 것이다. 나도 마찬가지다. 말하는 내용이 그다지 중요하지 않다는 인식을 스스로 가지고 있는 채로 다소 자신감 없이 말을 할 때면 예외 없이 타인의 방해를 받는다.

한 쪽 분량의 문서가 인쇄되어 있다고 하자. 그 문서에는 중요 키워드나 타이틀 문구가 볼드체로 적혀 있거나 밑줄이 그어져 있을 것이다. 그 문서처럼, 당신이 중요하게 여기는 내용을 말할 때에는 그 부분에 볼드체를 적용한다는 심정으로 열정을 담아 힘주어 이야기하기 바란다.

목소리 톤은 어떤 정도가 좋을까? 편하게 일상적으로 대화하는 경우보다 약간 높은 음정으로 크게 말한다고 생각하자. 할아버지, 할머니와 전화 통화를 할 때 신경 써서 크게 말하는 그 목소리로 말한다고 생각하면 딱 좋다. 아주 중요한 부분을 말할 때는 몸의 자세에도 신경을 써서 힘주어 말하자. 그러면 그 부분은 분명히 주목을 받을 것이다.

들을 자세를
만들어 놓는다

발언을 방해받지 않는 방법이 있다. 상대방이 듣는 자세를 취하도록 만들어두면 된다. 예를 들어 이런 식이다. 이야기를 시작할 때 전체 이야기의 예고편을 초반에 배치하자. 혹은 이야기를 시작할 때 "확실히 말씀드리려 합니다", "이 이야기는 꼭 하고 넘어가야겠습니다"처럼 말하면 상대방은 앞으로 나올 이야기의 핵심을 놓치지 않기 위해 입을 다물 것이다. 몇 가지 예를 더 들어보겠다.

"누구도 좀처럼 상상하지 못했던 해결책입니다. 한번 들어 보시겠습니까?"
"현장 전문가가 해준 말인데…"
"선생님께만 드리는 말씀인데…"
"사실 진심을 말씀드리자면…"

또한 말하는 도중에 뜸을 들이거나 시간차를 두면 상대방은 중요한 이야기가 이어질 거라는 인상을 받아 순간적으로 더욱 귀를 기울이기도 한다.

"아시다시피 우리 중소기업들은 대부분 이걸 선택했죠. 대형 기업들은…… 이것에 A 옵션을 덧붙이는 쪽을 대부분 선택했다고 합니다."

전체적으로 구조화된 이야기를 할 때에는 의미 단위마다 짧게 호흡을 끊어가며 이야기하면 주목도가 높아진다. 그리고 앞 문장의 마침표에서 숨을 쉬지 말고 다음 문장 맨 앞에 놓인 접속어까지 이야기한 뒤에 숨쉬자. 그러면 다른 사람이 쉽사리 끼어들지 못한다.

"A사에서 B 제품이 오늘 14시에 재고 소진되었다고 합니다. 하지만…"
"내일까지 보내야 하는데 아직 물량이 입고되지 않았어요. 하지만…"

누군가 끼어들면 '처리'한다

기본적으로 끼어들기는 무시하고 계속 발언하면 된다. 그런데 만약 누군가의 끼어들기를 허용하고야 말았다면 이제 말을 다시 받아 '처리'해야 한다.

"~하다는 말씀이시죠? 물론입니다. 그런데 그 부분은 좀 나중에 말씀드리겠습니다."
"그것도 중요하긴 한데 잠시만 기다려주세요. 하던 이야기 먼저 마무리하겠습니다."

일단 이렇게만 '처리'해두고 아무 일도 없었다는 듯 말을 이어나가면 된다. 상대의 끼어들기에 등장한 화제나 의견에 말려들지 말라는 말이다. 사실 다른 사람이 당신의 말에 끼어드는 일은 다반사다. 가급적 끼어들 여지를 주지 말되 이미 끼어들었다면 당신의 페이스를 놓치지 말고 이어나가라.

08

누가 갑자기 내 생각을 물으면 ○○하라

대화 내용에 대해 분명한 자기 생각을 가지고 있는 경우도 있지만, 이야기 흐름을 잘 따라가고 있지 못한 경우라든가 딱히 이렇다 할 의견을 가지고 있지 않은 경우도 있을 것이다. 그럴 때 누군가가 당신의 의견을 묻는다면 어떻게 해야 할까? "음…" 하는 신음이 길었다가는 자기 생각이 없는 사람이라는 인상을 줄 수 있다. "저도 똑같이 생각해요"라고 대답한다면 어떨까? 정말로 상대방과 생각이 크게 다르지 않더라도 그렇게 말해서는 부정적인 인상만 남기고 만다.

그러니 애당초 이야기를 나누는 자리에 참여했다면 항상 당신의 의견을 내놓아야 한다고 생각하도록 하자. 내놓을 당신만의 의견이 도무지 없을 때라면 어떻게 해야 할까? 일단 이렇게 하자. 들었던 내용 중에서 공감이 갔던 부분들을 되풀이해 언급하고 그것에 대해 찬성한다는 뜻을 밝힌 뒤 간단한 의견을 더하자. 그렇게라도 당신 머릿속의 생각을 성의 있게 언급해야 한다.

"방금 전에 제시된 ~라는 의견에 찬성합니다. 그것을 ~과 연관지어 생각을 해 보면 더 좋겠다고 생각합니다."

의견이 없을 때는
질문으로 받아치자

질문은 화제에 긍정적인 관심을 보이면서 발언 기회를 잘 넘길 수 있는 방법 중 하나다. 일단 어떤 지점에서 의문을 가지게 되었는지, 어떤 지점이 다소 불명확하다고 생각하는지에 대해 언급하며 질문을 던지자.

특정 부분에 대한 설명을 요구해도 좋고, 당신이 모르는 용어의 의미를 물어도 좋다. 머릿속에 물음표가 떠올랐다면 무엇이든 질문하자. 그러면 그 자리의 분위기는 당신의 질문에 대한 응답 모드로 바뀔 것이다. 당신의 질문에 대한 응답이 충분히 이어진 뒤에야 사람들은 당신의 의견을 물어 올 것이니 당신은 당신만의 의견을 만들 시간을 버는 셈이다. 응답을 듣는 와중에 당신의 의견이 비로소 자연스럽게 만들어질 수도 있다.

그리고 당신이 어떤 질문을 던지면 사람들은 '저 사람은 질문한 것 이외의 내용은 다 파악했나 보다'라고 생각하게 될 것이다.

그러니, 알고 있는 내용을 질문하는 것도 일종의 전략이다. 상대방이 답하는 것을 들으며 당신은 더 세세한 내용을 파악할 수도 있고, 상대방의 수준 또한 가늠할 수 있다. 혹시 그간의 진행 사항에 대해 확인하는 질문을 던진다거나 상대가 상식으로 알고 있어야 하는 바에 대해 질문할 때는 "확인차 여쭤보는 건데" 같은 양해의 말을 덧붙여 질문하도록 하자.

질문은 여러 모로 유용한 화법이다. 상대방에게 어떤 질문을 받았는데 대답하기 곤란한 경우라면 질문으로 되받아치는 방법을 사용하자. 특히 한 가지를 기억하자. "예스, 노"로 대답할 수 없는 질문을 던지자.

"예스, 노"로 간단히 답할 수 있는 질문을 던지면 당신에게 추가 질문이 금세 돌아온다. 당신이 던진 질문에 여러 가지 답변이 가능하고 답변을 짧게 하기 어려우며 그 안에 다양한 화제들이 포함되어 있으면 이어지는 대화는 화제가 다른 것으로 바뀔 가능성이 대단히 높다. 예를 들어 이런 질문으로 대응하는 것이다.

"그 질문에는 전제조건이 있어야 답할 수 있을 것 같은데, 어떤 경우를 말씀하시는 건지 좀 구체적으로 말씀해주시겠습니까?"

느낌을 증폭시키는 말: 의성어, 의태어

'쫀득쫀득', '사박사박'처럼 모양을 흉내 낸 말이 의태어고 '깔깔', '첨벙'처럼 소리를 흉내 낸 말이 의성어. 의태어와 의성어는 전달하고자 하는 내용이 상대방에게 감각적이고 인상 깊게 전달되도록 도와준다.

"신상품을 쭉쭉 팔아나가 봅시다."
"우리 경쟁사에서 쓰는 고기는 우리와 다릅니다. 입에 넣자마자 살살 녹는 것 같습니다."

의태어와 의성어는 상품명에 사용되기도 하고 회사명에 사용되기도 한다.

마트 배송 서비스 "쓱"
학습서 출판사 "꿈틀"
김치냉장고 "김치톡톡"
침구 브랜드 "포그니"

또한 커뮤니케이션 촉진 수단으로 업무에서도 많이 활용된다. 오감을 자극하여 생생한 느낌이 전달되게 하는 효과가 있기 때문이다.

"지금 주문하면 선물이 팡팡"

4장

총구를
정확히 겨누고
짧게 말한다

회의의 흐름을 바꾸는
말하기 기술이 있다

이상적인 회의의 모습이란 어떤 것일까? 기본적으로 참가자 전원이 문제
의 구조를 이해하고 서로 진심으로 이야기를 나누며 해결책을 향해 나아
가는 모습일 것이다.

당신이 회의에서 의견이나 아이디어를 냈을 때 이것이 다른 사람들의
인정을 받아 채택될 수 있도록 하려면 말을 어떻게 갈고닦아야 하는지 그
방법에 대해 이야기해 보자. 당신의 의견을 회의에서 과연 어떤 말로 드러
내는 게 좋을까?

이렇게 상상해 보자. 회의에 참석하는 건 거대하고 혼잡한 큰길을 걸어
가는 것과 비슷하다.

길에는 다양한 사람이 지나간다. 모두가 앞다투며 빠르게 걸어가는 터
미널 안에는 무리지어 있는 사람들도 있고 생각지도 못한 방향으로 갑자
기 몸을 트는 사람도 있다. 때로는 헤매고 때로는 멀리 돌아가면서도 제각
각 목적지를 향해 움직인다. 그 안에서 순조롭게 이동하려면 당신은 주위
사람들이 움직이는 흐름을 파악하고, 그 흐름을 잘 타야 한다.

나는 길을 걸을 때 주변 사람들의 이동을 게임 화면처럼 잠시 바라본다.
그리고 그 화면을 가장 높은 곳에서 신처럼 내려다보는 게이머가 되었다

는 마음가짐을 갖고 각 요소들의 움직임을 파악하고 예상한다. 이것이 순조롭게 길을 걷는 비결이다.

이를 회의에 적용해 보자. 회의는 모두를 어딘가로 이동해나가게 하는 큰길이다. 이를 순조롭게 헤쳐나가기 위해서는 크고 작은 의견들의 움직임과 흐름을 파악해 가면서 발언을 해야 한다.

대단한 통찰력까지 갖출 필요는 없다. 단 '이 회의의 목적은 무엇인가?', '어떤 방향으로 결론이 나면 정답일까?' 같은 회의 본연의 방향성을 염두에 두면서 회의를 실시간으로 시시각각 파악해내는 게 좋다.

또한 회의에서 발언할 때는 이야기를 절대 장황하게 늘어놓지 말아야 한다. 대신 "그 발언으로 회의 흐름이 바뀌었다!"라고 여겨질 만한 말을 꺼내놓을 수 있도록 준비하자. 그러면 당신에 대한 평가가 분명히 높아질 것이다.

그럼 이제, 회의의 흐름을 바꾸는 말은 어떻게 하는 건지 그 기술을 소개해 보겠다. 즉 짧고 효과적인 말로 생산적이고 효율적으로 회의를 헤엄쳐나갈 수 있는 기술들을 소개하겠다. 이는 당신에 대한 평가를 급등시키는 멋진 기술이 될 것이라 확신한다.

01

단번에 기세를 잡아야 한다면
잠시 유재석이 돼라

어느 날이었다. 내가 컨설팅하고 있는 한 회사에서 기업 홈페이지 리뉴얼을 위한 회의가 열렸다. 회의가 시작되자 ICT 기술에 전문성을 가지고 있는 사원 두 명이 사이트의 색상과 디자인 요소에 대한 세부적인 이야기를 주고받기 시작했다. 다른 사원들이 침묵하도록 내버려둔 채로 그들은 이야기를 계속해나갔다. 게다가 그 이야기는 사안의 본질과 동떨어진 이야기였다.

그 사이에 나는 펜을 들어 노트에 메모를 하기 시작했다. 우선 제목을 적었다. "왜 비용을 들여서 홈페이지를 리뉴얼해야 하는 것인가?" 그리고 그 대답을 쭉 적어 내려갔다.

회사가 비용을 들여 기업의 홈페이지를 다시 만드는 데에는 나름의 이유와 목적이 있다. 이 이유와 목적에 맞는 전략을 구안하겠다는 관점에서 접근하지 않는다면 그야말로 본말전도다.

이를 명확하게 하지 않아도 일단 회의는 어떻게든 진행될 수 있을지도 모른다. 하지만 리뉴얼을 진행하는 가운데 어떤 시점에서든 결재 라인 상부에서 제동이 걸릴 가능성이 매우 높다.

무엇을 위한 회의인지를 상기시키자

모든 회의에는 목적이 있다. 이런 근본적인 부분에 기반을 두면 회의가 어떤 방향으로 나아가야 하는지를 알 수 있다. 크게 엇나간 발언을 할 일도 없다.

게다가 만약 당신이 구성원의 의견을 묻고 독려하며 필요한 경우에는 그들의 의견에 맞서기도 하면서 조직의 학습을 가속화시키는 역할을 맡고 있는 '퍼실리테이터(Facilitator)'라면, 혹은 일회적으로라도 회의의 진행자 역할을 맡게 된 상황이라면 회의의 목적은 당신에게 더더욱 중요해진다.

어떤 상황에서든 잊지 말아야 할 것은 회의의 방향성이다. 이를 충분히 미리 생각하고 현장에서도 여러 번 다시 생각하라. 방향성에 충실하고, 방향성을 특정한 쪽으로 한두 발 이끌어낸다면 당신에 대한 상사의 동료들의 긍정적인 평가가 순식석으로 돌아올 것이다.

회의에도 여러 종류가 있다. 결정된 바를 공유하기 위한 형식적 회의도 있고, 의견을 모으는 회의처럼 보이지만 사실은 경영자나 상사의 지시 자리에 불과한 회의도 있다. 자유롭게 브레인스토밍하며 창의적인 아이디어를 여럿 만들어내기 위한 기획회의도 있다.

회의의 대략적인 방향은 정해져 있겠지만, 회의의 결론이 구체적으로 어떻게 될 것인지를 회의 전에 확실하게 예상할 수 없다. 정례 보고회 같은 자리가 아닌 이상 말이다. 회의 전에 의사 진행 사항을 명시한 문서가 메일로 공유되어 있더라도 정작 회의에 들어가면 그대로 진행되지 않는 경우가 허다하다. 하지만 회의가 시작된 뒤에는 이번 회의에서 어떤 구체적인 의견들이 나오고 전개될지 어느 정도는 예측이 가능해진다. 두세 명 정도의 발언을 들었다면 회의의 서론 부분에서 등장한 이 의견들이 어떤 본론을 지나 결론부에서 어떻게 정리될 것인지를 예측해두도록 하자.

정리로
존재감을 드러내자

회의의 서론 부분에 등장하는 의견들을 들은 뒤 이 회의가 어떻게 전개되어나갈지를 예측했다면 다음 단계로 넘어가자. 이 회의에서 어떤 결론이 나오는 게 최선일지, 어떤 아이디어가 나오면 최선이라 여겨질 수 있을지를 생각하자. 그리고 로드맵을 만들자.

준비물이 필요하다. 당신의 손이 미치는 공간 안에 노트와 펜을 두자. 노트에 이와 관련된 생각을 적은 뒤, 회의에 휩쓸려 생각의 흐름을 잊어버리지 않도록 틈틈이 적어나가자.

무엇이 회의의 의제인가? 최종 목표는 무엇이며 이를 방해하는 장애물은 무엇인가? 결정하고자 하는 것은 무엇이며 그 조건은 무엇인가? 결정하지 못하고 있다면 그 이유는 무엇인가? 회의

회의 중에 로드맵을 그려보자

회의가 시작되면 다음과 같이 구조적인 로드맵을 완성하자.

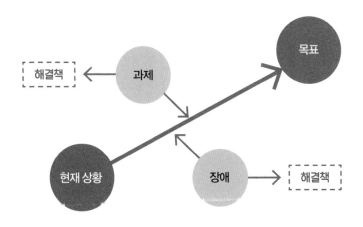

는 결정하지 못하고 있던 것을 결정하고자 하는 자리다.

회의가 진행되다보면 목적, 목표, 수단 등이 복잡하게 얽혀 혼란을 야기한다. 이 항목들을 구분하고 각 항목들의 연관성을 구조적으로 파악할 수 있는 로드맵을 노트에 그려내자.

이는 해결책을 도출해 내기 위한 필수 과정이다. 이런 방식으로 과제를 정리하지 못하면 발전적인 회의는 없다. 그러니 이는 회의 중에 꼭 해야 하는 일이다.

만약 당신이 퍼실리테이터를 맡고 있다면 구성원들이 결론이나 해결책에 가까운 의견을 제시하게 만들어야 한다. 혹은 질문이 나오도록 유도해야 한다. 그럴 때 당신이 메모한 로드맵을 자료로 제시하자. 효과가 있을 것이다.

나는 해결책을 생각해야 할 때 즉시 떠오르는 방법 외에 일석이조 이상의 효과를 거둘 수 있는 또 다른 안이 없을지를 꼭 고민한다. 다시 말해 당장의 상황과 자원을 고려했을 때 최대 효과를 거둘 수 있는 특별한 방안이 없을지를 꼭 고민해 본다는 말이다.

예를 들어 A안은 문제해결 효과는 있지만 예산이 많이 들고 B안은 예산은 적게 들지만 문제해결 효과가 제한적인 상황이라면, 예산이 적게 들면서도 문제해결 효과를 볼 수 있을 제3의 안에 집중해 본다.

"김 과장님이 제안한 A와 B 매체를 검토하면서, 비용이 들지 않는 보도자료를 돌리는 방법도 바로 실행하면 좋겠습니다. 하지 않을 이유가 없다고 생각합니다."

당신이 제시한 제3의 안이 회의에서 승인이나 동의를 얻지 못하더라도 괜찮다. 일단 모두가 색다른 안을 고민해 보았다는 것 자체에도 의미가 있다. 그리고 당신이 사람들 앞에서 제안을 했을 때 당신이 문제해결을 다각도로 검토해 보고 있다는 그 사실 자체가 당신과 당신의 제안에 힘을 실어줄 것이기 때문에 당신은 회의에서 자신감 있게 창의적이고 진지한 발언을 한 사람으로 남게 된다.

높이 나는 새의 관점에서 발언하자

미국의 오바마 전 대통령은 연설의 달인이다. 대통령 자리에서 물러난 후에 "연설만 잘했던 정치가"라는 야유를 받았을 정도로 그의 연설은 대단했다.

그렇다면 오바마 전 대통령은 과연 무엇에 능했던 것일까? "Yes, We can"처럼 아주 짧은 영어 문구로 선거 유세 현장을 사로잡던 그의 모습은 정말 압도적이었다. 물론 연설문 전문가의 원고 내용이 훌륭했던 점도 한몫했을 것임은 분명하다.

키워드를 열거하며 몰아붙이듯 이야기하는 그의 화법은 듣는
이에게 흥분과 감동을 선사한다. 특히 대통령 선거 이후 그가 시
카고에서 했던 승리연설은 더할 나위 없이 훌륭했다.

"젊은 사람도 나이 든 사람도, 부자도 가난한 사람도, 민주당원
도 공화당원도, 흑인도 백인도, 라틴계 미국인도 동양인도 미국
원주민도, 동성애자도 이성애자도, 장애인도 장애인이 아닌 사
람도, 모두가 답을 찾아냈습니다."

하지만 오바마 전 대통령의 연설이 높은 평가를 받았던 데는
또 한 가지 특이점이 있었다. 바로 한 층 위에서 논의에 임하는 자
세다.

예를 들어 여당과 야당이 논쟁을 벌이고 있다면 그는 당장 논
쟁이 붙은 이념의 옳고 그름이 아니라 국가 차원의 이익이라는
상위 화제를 제시하여 논의가 본질적인 차원으로 나아가도록 하
는 전환점을 만들어내는 사람이었다.

정치적 논쟁이 아니더라도 어떤 논의든 당장의 화제를 아우르
는 한 단계 위의 시점이 존재하기 마련이다.

최근 수익이 좋지 않다면 5년 후에 얻을 수 있는 성과에 대해
생각하는 건 어떨까? 회사 내부적으로 보면 부문 간 이익이 상반
되겠지만 5년 동안 회사에 대한 외부의 평가는 점차 높아지지 않

을까? 경쟁기업 같은 거대한 공동의 적을 상정하여 내부에서 일어나는 다소간의 의견 차이는 무시하고 많은 사람들이 지지하는 의견을 찾아 그에 따르도록 회의 분위기를 만들어내 보자. 이처럼 '공중을 나는 새의 눈'으로 회의를 통찰하고 방향성을 제시하는 말을 해 보자.

"이미 일어난 일은 어쩔 수 없습니다. 책임 추궁은 지금 의미 있는 일이 아닙니다. 시간 낭비입니다. 빠르게 문제를 만회해줄 유효한 대책에 어떤 게 있을지 생각해 보면 어떨까요?"

이처럼 이야기를 현실적인 방향으로 일보 전진시키는 사람이야말로 회의의 방향성을 만들어나가는 사람이다. 이런 사람이 회사 안에서 높은 평가를 받는 인재의 길을 걸어나가게 된다.

02

타이밍을 잡아서
말한다는 것은

"회의는 시간낭비일 뿐이다"라는 말을 들어봤을 것이다. 이런 비난이 존재하는 이유는 무엇일까? 실제로 수많은 회의들이 정처 없이 표류하는 데 그치기 때문이다.

어려운 선택을 해야 하거나 아이디어를 만들어 발언해야 할 때 인간은 자기도 모르게 입을 다물거나 건설적이라고 할 수 없는 말만 장황하게 늘어놓기 쉽다. 특히 회의 예정시간의 80퍼센트가 경과한 상황이라거나 퇴근시간을 훌쩍 넘긴 시간대가 되면 참가자들은 지긋지긋해하는 게 당연하다.

회의는 짧을수록 좋다. 하지만 너무 짧아서 아무 과정 없이 끝나서는 안 된다. 어느 정도 시간이 경과해야만, 그리고 어느 정도 서로 대립해야만 비로소 회의 참석자들은 그 회의의 결론에 수궁한다. 어느 정도 시간이 경과하여 참석자들이 착지점을 찾아 나서기 시작할 즈음이 되면 결론을 내기가 쉬워진다. 이럴 때 회의는 떨어질 타이밍을 기다리는 잘 익은 감과 같다.

그러니 회의가 전개되어나가는 시간 축을 계속 인식하면서 회의에 참여하자. 다른 사람들과 의견을 나누다가도 타이밍을 간파하여 확고한 문구로 발언하면 당신이 원하는 결론에 도달하기 쉽다.

모든 회의는 전개 방식이 거의 동일하다. 물론 회의의 안건이나 참가자에 따라 실제적인 상황이 달라질 수 있겠지만 보통 전체 회의시간의 2분의 1은 '확산 시간', 그 다음 4분의 1은 '비교

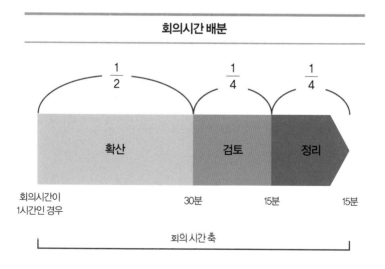

회의시간 배분

$\frac{1}{2}$ $\frac{1}{4}$ $\frac{1}{4}$

확산 검토 정리

회의시간이
1시간인 경우

30분 15분 15분

회의 시간축

및 검토 시간', 마지막 4분의 1은 '총괄 및 정리 시간'이라고 보면 된다. 회의 시간이 한 시간으로 잡혀 있다면 각각 30분 : 15분 : 15분으로 배분하면 된다.

중요 인물에게 질문하여
결론 타이밍을 만들자

회의 분위기가 무르익지 않은 단계에서 당신이 원하는 결론을 말해버리면 참가자들은 그 의견을 아주 신중하게 검토하기 시작할 것이다. 예를 들어 "결론적으로 실외 이벤트는 어렵다고 봐야 하니 실내시설을 빌리면 되겠지요?"라고 발언했을 때 다른 사람들로부터 "으음" 하는 반응만 돌아올 것이다. 그러니 모두가 '이제 그만 끝내고 싶다' 하는 생각을 하는 분위기가 만들어질 때까지 기다리자. 그때까지 기다렸다가 결정권을 가지고 있는 중요 인물에게 질문을 던지도록 하자.

그 중요 인물에게 "우리 일정상 실외 이벤트가 가능할까요?" 하며 질문을 던져 보자. 그러면 아마 대답이 돌아올 것이다. "준비할 시간을 확보할 수 없으니 아무래도 무리일 것 같군요."

그런 대답을 들은 뒤에 당신의 결론을 말하자. "그럼 결론적으로 실외 이벤트는 어려울 듯하니 실내에서 실시하는 방향으로 추진하면 될까요?" 하고 묻자. 그러면 당신의 결론은 다른 사람들이 보기에 중요 인물의 의견에 바탕을 두고 도출된 결론이 되므로 다른 사람들이 아주 쉽게 수긍할 것이다.

회의가 막바지에 접어들었다면 선택지를 주고 고르게 하는 방법도 효과적이다. 회의가 결론을 찾는 시간대에 들어서는 시점을 가늠하고 일단 문제를 단순하게 정리하자. "그러니까 지금 ○○을 실현하기 위해 △△의 부담을 어떻게 해야 할지가 문제인 거죠?"와 같이 정리해 말하자. 그 다음 두 개의 선택지를 제시하는데 "둘 중 하나네요. 어느 쪽을 고르시겠어요?"라며 선택을 재촉하자. 이때 여러 개를 제시하기보다 양자택일의 선택지를 제시하는 게 좋다. 논의에 지친 사람들의 뇌는 문제의 단순화를 요구하기 때문이다.

선택지가 여러 개라면 당신이 결론으로 삼고 싶지 않은 안의 부정적인 측면을 먼저 언급하는 것도 방법이다. 예를 들어 신상품의 판로개척 방안으로 인터넷과 전시회 중 어느 쪽을 우선시할지에 대해 논의했다고 치자. 이때 당신이 전시회를 선택하고 싶다면 인터넷 방안의 부정적인 측면을 덧붙이자.

"사실 요즘 여기저기에서 인터넷은 이미 레드오션이 되어버렸다는 이야기가 들려오고 있죠."

중요한 순간에 발언할 수 있도록
준비하자

회의의 마무리 단계에서 말을 아무리 잘 꺼낸다고 하더라도 그
때까지 아무 말도 하지 않았다는 인상을 준다면 좋지 않다. 계속
아무 말을 하지 않고 있다가 갑자기 발언하려고 할 때 사람들은
'결정적인 발언을 하기 위해 준비해 왔군'이라고 생각한다.

그렇다고 정처 없이 표류하고 있는 논의 한가운데로 굳이 노
를 저어나가지는 말자. 그 또한 아무 의미 없다. 이럴 때 당신이
설령 핵심을 찌르는 의견을 내놓는다고 하더라도 아직은 논의
가 정처없이 표류하는 흐름이 워낙 강하기 때문에 당신의 의견
은 사람들의 머릿속에서 지워지고 말 가능성이 있기 때문이다.
그러면 어떻게 해야 할까? 회의에서 발언을 할 때는 회의가 전개
되는 흐름에 살펴야 한다는 기본 원칙을 잊지 말자. 어떤 회의에
서든 가급적 회의 초반부에 주요사항을 확인하는 차원의 발언을
한두 번 해두기를 권한다.

말의 흐름이 당신 의견에
가까워지지 않는다면

내가 광고회사에 근무했을 때 만난 한 상사가 있다. 그는 회의에 관한 한 탁월한 능력을 가지고 있었다. 이런저런 의견이 분분해지면 그때까지 나온 각각의 안의 좋은 점과 자기 의견을 잘 버무린 절충안을 제시했는데 대부분의 회의가 그의 절충안 그대로 마무리되곤 했다. 그는 회의를 압도할 줄 알았다.

만약 딱히 좋은 안이 나오지 않은 상황이라면 그는 "역시 이 방법밖에 없는 걸까요?"라고 중얼거리면서 자신이 제시했던 안을 일부 수정하면서 화이트보드에 적었다. 그러면 참가자들은 그의 안에 고개를 끄덕였다.

그는 직위의 힘으로 자신이 이견을 밀어붙이는 그런 사람이 전혀 아니었다. 그는 회의의 흐름을 자기 쪽으로 끌어오는 연출이 뛰어난 사람이었다. 현장을 뛰던 팀원들보다도 문제점을 더 정확히 파악하고 회의의 흐름을 끝까지 흔들림 없이 주시하는 능력이 뛰어났다.

회의는 한 척의 배와 같다. 지금은 저쪽으로 떠가고 있지만 다시 이쪽으로 올 수도 있다. 어디에 정박하게 될지, 즉 어떤 결론에 이를지가 정해져 있지 않다는 말이다.

이미 몇 번 이야기했지만 이럴 때는 굳이 분위기를 해치지 않고자 노력할 필요가 없다. 분위기를 확실히 다르게 만드는 발언을 해서 존재감을 높여 보자. 그 자리의 분위기를 흐트러트리는 일 자체에 당신은 거부감을 느끼고 있을 수도 있겠다. 남들이 '이게 무슨 소리야?'라고 생각할 것이 두려워서다. 예전의 나 또한 그랬다. 하지만 그러던 어느 날 회의의 분위기가 아니라 회의의 흐름을 전환하고 방향성을 다잡는 발언을 했을 때, 내 의견을 피력하기도 쉽고 내 의견이 타인에게 받아들여지기도 쉽다는 사실을 깨달았다. 그러니 당장의 분위기가 아니라 회의의 흐름을 항상 생각하자. 회의의 방향성이 내 의견에 조금이나마 가까워지기를 기다렸다가 그 흐름이 약간 다가오면 그때 발언을 시작하자. 지금 목소리가 큰 사람이 나와 다른 의견을 외쳐대고 있나? 그렇다면 잠시 기다리자. 그 흐름은 조금 있으면 지나간다. 그 시간을 넘긴 뒤에 말을 꺼내자.

상대방을 떠들게
만든 후 잠복하자

정리자면 이렇다. 회의가 표류하고 있을 때 무작정 말을 꺼내지 말고 일단 때를 기다렸다가 회의 내용이 당신의 의견과 약간 가까워지는 흐름을 탈 때 말을 꺼낸다면 당신의 의견에 대한 긍정적 분위기를 형성하기 쉽다는 말이다. '잠복'을 했다가 덮치는 것이다.

"지금 말씀하신 의견은 아주 중요하다고 생각합니다. 저도 그렇게 생각했습니다. 제 생각은 이렇습니다."

한 가지 아주 유용한 팁이 있다. 상대방의 의견이 바닥나는 때를 기다렸다가 말하자. 이는 아주 좋은 타이밍이다. 상대방이 발언을 할 때 우선 당신은 질문을 던지면서 그가 마음껏 발언하게 하자. 이렇게 하면 상대방은 자신이 하고 싶었던 말을 다 전달했다는 생각이 들어 어느 정도 김이 빠진다. 이렇게 되면 일단 당신은 상대의 의도나 속셈에 대한 정보를 더 많이 가지게 된다. 상대방의 의견이 거의 다 나왔을 때쯤에 그의 의견을 당신의 의견에 가깝도록 정리해서 결론 문구를 만들어내면 된다.

"네, 그렇군요. 우리가 논의는 할 만큼 한 것 같습니다. 집약하면 이렇게 되셨네요."

비유한다

듣는 이에게 친숙한 것에 빗대어 메시지를 전달하면 말의 힘이 세진다. 영어회화 학원의 캐치프레이즈로 "우리동네에서 유학한다" 같은 표현을 내건다면 어떤가? 기억에 남을 가능성이 높아질 것이다.

백화점 식품매장 시식 코너에서 "양파를 이렇게 키워서 이렇게 조리한 다음 돼지고기랑 같이 볶아서……"처럼 장황하게 열심히 설명한들 소비자들에게 크게 어필할 수는 없을 것이다. 다음과 같은 짧은 문구를 반복하는 편이 나을 것이다. 먹어 보고 싶다는 마음을 자극할 수 있을 테니 말이다.

"과일처럼 달달한 양파를 사용했어요!"

한 세무사는 자신이 고문을 맡은 회사에 세무조사 유의사항을 설명할 때 다음과 같은 비유 문구를 쓴다고 한다.

"핵심은 알리바이와 스토리입니다."

음식점 영수증 등의 증거(알리바이)와, 그것이 업무의 일환이라는 사실을 설명할 수 있는 자연스러운 정황(스토리)이 필요하다는 말이다.

비유하는 문장을 만들 때 자유자재로 표현을 구사하기가 쉽지 않다면 스포츠나 취미를 끌고 와서 비유하면 좋다. 상대방이 "뭐야, 또 야구에 비유하는 거야?"라는 말을 하더라도 괜찮다. 이 또한 당신의 개성 중 하나다.

"타자 스타일에 맞게 변형 수비를 해 봤는데 먹히지 않았네요."

04

상사의 이름을 적극 언급할 때
달라지는 것

창조적인 회의가 되려면 몇 가지 조건이 갖춰져야 한다. 인원수도 그 조건 중 하나다. 예전에 스티브 잡스는 미국 정부로부터 지식인회의에 참여하라는 제안을 받았는데 거절했다. 참여 인원수가 너무 많다는 것이 이유였다고 한다.

나는 기업 문화를 컨설팅할 때 회의의 적정 인원은 네다섯 명이라고 말한다. 아주 특수한 경우를 제외하고는 안건과 관련 있는 이를 잘 추려 보면 이 규모에서 크게 벗어나지 않을 것이다. 회의의 규모가 중요한 이유는 무엇일까? 방관자가 한 명이라도 끼게 되면 회의의 온도가 크게 떨어져버리기 때문이다.

또한 회의 자리에는 결정 권지가 있어야 이상석이다. 소기업이라면 사장급 인사가, 대기업이라면 임원이나 부장급 인사가 회의에 있어야 회의가 효율적으로 이뤄진다. 의견들이 제시되고 논의가 진행되어 결론이 만들어질 때 그 안의 실현 가능성을 즉각적으로 분별하며 논의해나갈 수 있기 때문이다. 또한 어떤 안이 왜 논의될 필요가 없는지 그 이유를 제대로 파악할 수 있어 토의가 불필요한 방향으로 흘러갈 가능성이 사라지기 때문이다. 회의 시간이 아깝다고 생각할 일이 없어진다는 말이다.

그 자리에 없는 사람도, 있는 사람도 모두 언급하자

하지만 대부분의 회의에는 최종 의사결정권자가 참여하지 못한다. 이러한 불편한 상황을 플러스로 전환시켜주는 기술이 있다. 결정권자의 이름을 활용하는 것이다. 물론 거짓으로 활용하면 안 된다. 지레짐작하는 것도 안 된다. 예를 들자면 이런 말을 하는 것이다.

"사장님 의견은 그쪽이 아니에요."

"A사의 부장님이 승인 안 하실 것 같은데요."

"B 부장님, C 과장님과도 이야기해 봤는데 그 안은 어려울 것 같다는 의견이었습니다."

이렇게 반대하면 '이 방향은 안 되겠구나' 하며 포기하는 분위기가 만들어진다. 만약 결정권자가 함께 회의에 참여하고 있다면 발언할 때 그 사람의 이름을 언급하자. 그러면 다른 직원들은 당신의 말을 들을 수밖에 없고 반대하기도 어렵다.

"사장님이 추구하시는 방향에 제 생각을 더해 봤습니다."

상사를 언급하며 "그 안과 유사한 안을 준비해 봤습니다" 하고 발언하면 다른 이들이 당신의 발언을 쉽게 부정할 수 없다. 중요 인물의 의견을 무시하는 셈이 될 수도 있기 때문이다.

한편, 당신의 의견에 반대의견을 내놓았던 사람의 이름과 당신의 의견에 특히 귀 기울여주기를 바라는 사람의 이름도 언급하며 발언하자. 이 방법도 당신의 의견을 관철하는 데 효과적이다.

"D 과장님이 추천하신 매체들도 검토해 봅시다. 하지만 예산이 안 드는 보도자료 배포도 하는 게 좋다고 생각합니다."

"E 씨의 의견과는 좀 다른 의견입니다만 ~ 하는 게 좋을 거라 생각합니다."

이름이 불린 상대방은 일단 귀를 기울이지 않을 수 없다. 또한 그보다 직위가 낮은 사람은 끼어들기 어려워지는 효과도 있다.

비교한다

"옆 팀 F 씨보다 훨씬 훌륭한 것 같네요"라는 말을 들었다고 생각해 보자. 다른 사람과 비교당한 상황이다. 상대적으로 낮은 평가를 받을 때는 물론 이고 이렇게 좋은 평가를 받는 때에도 썩 유쾌하지 않다. 왜 그럴까? 비교 를 당했다는 사실 자체가 불쾌하고 민망하기 때문이다. 혹은 '항상 이런 식 으로 비교해 왔던 걸까?' 하는 생각에 사로잡혀 불안해지기 때문이다. 그 러니 비교하는 말하기는 일단 바람직하지 않다. 말한 이 입장에선 마음을 써서 굳이 칭찬한 건데 효과가 신통치 않아 서운하다. 단 비교하며 칭찬하 는 말하기가 나쁘지 않은 경우가 예외적으로 몇 가지 있다.

"G 씨가 우리 팀에 배치되기 전에 비해 우리 팀 실적이 크게 높아졌군요."
"H 씨의 화이트보드 글씨를 알아보기 쉬운 건 아니지만 예전에 있던 그 직 원보다는 훨씬 알아보기 쉽네요."

이처럼 어떤 사람과 사람을 비교하는 게 아니라 어떤 사람의 행위나 결정 전후 상황을 비교하여 칭찬하는 건 듣는 이를 불쾌감에 사로잡히게 할 가 능성이 낮다. 혹은 칭찬을 듣는 이가 비교 대상이 누구인지를 구체적으로 알지 못하는 상황이라면 듣는 이는 우월감을 자유롭게 즐길 수도 있을 것 이다.

또는 "인기 사회자 ○ ○ ○보다 회의 진행을 잘한다", "국회의원 △△△보 다 논리적으로 말을 잘한다"처럼 말하는 경우라면 듣는 이도 과장된 말임 을 잘 알면서도 상대방이 자신을 칭찬하기 위해 너스레까지 한다는 사실에 고마운 마음을 가질 것이다.

05

중요 인물을 겨누고 발언해 보라

광고회사에서 사회생활을 시작한 지 얼마 되지 않았을 적의 일이다. 내가 정기적으로 참석해야 하는 회의들이 있었는데 그중 특히 한 회의는 매번 아무런 성과 없이 그저 열리고 끝나기만을 반복했다.

그 회의는 한 회사의 역사를 어떻게 정리해서 책으로 편찬하고 제작하면 좋을지를 결정하는 프로젝트 회의였다. 보통 그 회의는 내가 몸담고 있던 광고회사의 한 회의실에서 열렸는데 그때마다 광고주 회사의 담당자도 참석했다. 그리고 모두가 그 사람의 '의견'이라는 것을 듣기만 해야 했다.

우리는 회의 때마다 기획서를 만들어 미니 프레젠테이션을 했다. 광고주 회사의 담당자는 제안 자체는 환영해주었지만 구체적인 평가는 내려주지 않았다. 프레젠테이션이 끝나면 그는 "그래서 말이죠" 하며 자기 의견을 늘어놓는 발표회를 시작했다.

게다가 그 담당자의 의견은 추상적이었다. 적어두었다가 실제 제작이나 다음 기획에 활용할 수 있을 만한 성격의 발언이 아니었다. 그저 그의 추억 혹은 취향에 대한 이야기일 뿐이었다.

이런 회의가 몇 달 동안이나 지속되었다. 결국 나는 참지 못하고 "모두가 ○○ 씨의 구체적이고 정확한 의견을 기다리고 있습니다!"라고 이야기하고 말았다. 그 순간 회의 참석자 모두의 얼굴에 곤란한 표정이 떠올랐다. 분위기는 아주 이상해져버렸다. 그리고 두 번 다시 그 회의는 열리지 않았다.

지금의 나라면 절대 그렇게 행동하지 않을 것이다. 이제 나는 회사의 사보나 사사 출간을 담당하는 직원들이 그 회사 안에서 어떤 대우를 받고 있는지 알고 있다. 그리고 광고회사 직원들은 광고주로부터 일을 정식으로 수주받는 때까지는 의미 없는 일도 받아낼 줄 알아야 한다는 실무 사정도 잘 안다.

그러니 내 발언은 아주 잘못된 발언이었다. 그 회의의 중요 인물이 광고주 회사의 담당자였다는 것은 분명한 사실이다. 내가 만약 그때 그 담당자의 사정을 잘 파악했고, 그가 바라는 바를 잘 헤아려서 발언했더라면 어땠을까? 회의는 발전적으로 전환되어 광고 제작이 성사되었을지도 모른다.

중요 인물의 시점으로
회의의 생산성을 높이자

어떤 회의든 책임이나 결정권이 참가자 모두에게 균등하게 배분되어 있는 경우는 없다. 대부분의 회의에는 누군가 한 사람 중요 인물이 있다. 근본적으로 회의란 현재 필요한 방책이 있는데 그게 현재 존재하지 않기 때문에 열린다. 하지만 어떤 중요 인물의 의견이나 의향에 달려 있다는 것 정도는 이미 결정되어 있는 경우가 적지 않다.

그러니 회의 참석자 중에서 중요 인물이 누구고, 그가 기대하는 바가 무엇인지를 이해하는 일이 중요하다. 바로 그 사람이야말로 가장 높은 곳에서 문제의식을 느끼고 있으며 이를 해결하겠다는 동기 또한 크다. 당연히 그의 발언에는 과제의 본질이나 해결책의 방향성이 고밀도로 응축되어 있다.

수많은 측면을 모두 고려한 최적의 해결방안을 고안해내는 건 불가능에 가까운 일이다. 하지만 중요 인물, 혹은 의사결정자의 입장만을 고려한다면 간단한 일이 된다.

예를 들어 의사결정자가 무엇보다 유지 및 관리 비용을 중요시한다면 다음과 같은 발언이 회의에서 주목받을 것이다.

"이 시스템이라면 전담 인력이 필요 없기 때문에 추가 인건비가 거의 들지 않습니다."

그러니 회의에서 당신의 존재감을 높이기 위해서는 어떻게 해야 할까? 중요 인물의 시점과 같은 높이에서 안건을 바라보고 그의 우선순위를 그대로 가져와서 사안을 분석하고 판단하자.

중요 인물의
맞은편에 앉자

나는 가능한 경우라면 회의석상에서 어디에 앉을지를 고심해 선택한다. 내가 주로 선택하는 자리는 중요 인물의 바로 맞은편 자리다. 중요 인물의 시선이 자주 머무는 곳에 앉으면 그가 자연스럽게 나를 바라보며 이야기하는 시간이 길어진다. 즉 나는 그의 이야기를 가장 많이 들어주는 수신자가 된다.

그 자리는 압박감이 상당하다. 그저 자리만 차지한다고 일이 잘 진행되진 않는다. 중요 인물에 지지 않을 정도로 깊이 있는 문제의식을 가지고, 다각적 관점으로 안건을 파악한 뒤 그의 마음에 제대로 박힐 수 있는 문장을 준비해서 그 자리에 앉아야 한다. 그런 뒤 그 자리에서 그에게 응답하면 된다.

회의가 진행되다가 결론을 맺지 못한 채 끝이 나고 추가 회의가 잡힐 수 있다. 혹은 회의 중간에 휴식시간을 갖는 경우가 있다. 이런 경우에도 중요 인물에 주목하자. 화장실에 가는 길이든, 자판기에 가는 길이든 조금은 긴장을 풀고 있는 중요 인물을 뒤따라가 "좀처럼 결론이 보이질 않네요. 부장님은 어떤 방향이 유력할 것 같으세요?" 같은 질문을 던져 보자. 공식적인 회의 자리에서는 다뤄지기 어렵지만 절대 논외로 할 수 없을 만큼 중요한 어떤 사정이나 조건에 대해 들을 수 있을지도 모른다.

06

근거가 없을 때
근거 대는 확실한 방법

카피라이터로서 광고주와의 미팅에 참가하다 보면 불합리한 의견을 들을 때가 있다. 작지만 알찬 디지털 단말기에 "이것이 빅스몰"이라는 캐치프레이즈를 제안했더니 담당자가 "스몰이라는 단어는 쓰고 싶지 않다"라며 딱 잘라 거절했다. 이유가 궁금했다. 이유를 알면 설득도, 수정도 제대로 할 수 있기 때문이다. 하지만 자세히 물어볼 수 있는 분위기가 전혀 아니었다. '어쩌면 특별한 이유라는 게 없을 수도 있겠다'라는 생각이 들었다.

이때처럼 강압적인 분위기가 형성되어 있는 경우가 아니라면 근거 없는 주장은 회의석상에서 존중받을 수 없는 한낱 개인적 감상으로 여겨지는 게 보통이다.

발언을 시작하며 "이유는 세 가지입니다"처럼 말할 수 있다면 훌륭하다. 하지만 논문이나 기획서가 아니니 그렇게까지 체계적으로 중무장해서 말할 필요는 없다. 하지만 발언할 때 명확한 근거를 덧붙이는 일은 굉장히 중요하다.

미국에서 대학생을 대상으로 한 가지 실험을 했다고 한다. 대학 내 도서관에서 복사기를 이용하기 위해 줄을 서서 순서를 기다리고 있는 학생들에게 다가가 부탁을 하는 실험이었다.

한쪽에서는 "먼저 복사 좀 할 수 있을까요?" 하며 부탁만 했다. 60퍼센트의 학생이 순서를 양보해주었다. 다른 한쪽에서는 "제가 급한 일이 있어서 그러는데 먼저 복사 좀 할 수 있을까요?"라고 부탁했다. 무려 96퍼센트의 학생이 순서를 양보해주었다.

대단한 이유를 붙인 것도 아니었다. "급한 일이 있어서"라는 간단한 말만 덧붙였다. 하지만 그런 간단한 이유를 덧붙이는 것만으로도 발언의 목적 달성 횟수가 1.5배 이상이 되었다.

근거가 없어도
근거를 대자

근거를 덧붙이는 방법에 대해 생각해 보자. 당연한 이야기지만 우선, 근거를 찾아 의견에 연결하는 방법이 있다. 주장이나 의견의 앞에 근거를 덧붙여 "~이니까 ~입니다"같이 전달하는 것이다. 이렇게 명시적으로 근거를 제시하면 상대방은 당신이 매우 논리적으로 생각하고 말하고 있다는 인상을 받기 때문에 설사 근거가 다소 약하더라도 상대방은 당신의 의견을 부정하기 어렵다. 그러니 이렇게 말해 보자.

"젊은 층에 잘 먹히는 것이 B안이기 때문에 저는 B안을 선택하는 게 좋을 것 같습니다."
"A 씨가 말을 잘한다고 인정받고 있으니 이번 프레젠테이션을 담당하는 게 좋겠습니다."

의견을 뒷받침하는 근거는 다음과 같이 종류가 다양하다. 당신의 의견을 뒷받침할 근거를 찾아야 할 때 이를 참고하도록 하자.

- 일반적 상식, 원리 및 원칙
- 연구 보고서, 통계나 조사 데이터
- 정부의 방침이나 정책, 법령
- 인물에 대한 대중의 평가
- 중요 인물의 언질
- 유명인이나 학자의 의견
- 과거의 사례
- 현재의 트렌드

근거를 찾지 못했을 때에도 근거를 제시하는 방법이 있다. 정면으로 대답하지 않고 측면으로 대답하는 방법이라고 생각하면 된다. 누가 나에게 "이렇게 하면 정말 잘 팔린다는 말입니까?", "이것이 분명히 성공할까요?"라는 식의 질문을 던질 때 실제로 내가 답하는 방식이다.

"저도 고민스럽긴 한데, 안 팔릴 이유는 찾지 못하겠습니다."
"80퍼센트는 성공할 거라 자신합니다만 사실 이 확률은 큰 의미가 없습니다."

질문자도 "100퍼센트 분명히 잘 팔릴 겁니다", "확실히 성공합니다"라는 대답을 기대하고 질문한 건 아니다. 비즈니스나 마케팅 세계에 "꼭", "확실히", "100퍼센트" 되는 일이라는 건 존재하지 않기 때문이다. 그럼 이 질문이 묻는 건 무엇일까? 이 질문은 의견을 제시한 이가 얼마나 진지한지를 묻는 질문이다.

근거를 여러 가지 확보하고 있다면 한 번에 꺼내 보이는 게 아니라 조금씩 여러 번에 걸쳐 꺼내 보이는 게 좋을 수도 있으니 상황에 따라 판단해야 한다. 또한 근거 부분을 짧게 말하기 어려운 때에도 "A이니까 B"의 순서가 아니라 "결론은 B입니다. 그 근거는 다음과 같습니다"처럼 결론부터 말한 뒤에 근거를 차근차근 꺼내 보여야 한다. 처음에 이야기했던 "근기는 세 가지입니다"

하는 패턴에서도 마찬가지다. 세 가지 이유를 한 가지씩 이야기해나가야 한다.

이렇게 근거를 길게 설명해나가야 하는 경우에는 어떤 점에 유의해야 할까? 듣는 이의 흐름을 감지해야 한다.

먼저 첫 번째 이유를 설명했는데 듣는 이들 간에 다른 안으로 옮겨가려는 흐름이 형성될 수 있다. 그러면 "그런데 ~라는 의견도 있습니다" 하며 그 흐름을 두 번째 근거로 가져오자. 그런데 또 반론이 나온다면 "그럴 수도 있겠네요. 하지만 ~이라는 조사 결과도 있습니다" 하며 세 번째 근거를 들어서 되받아치자.

이렇게 듣는 이들과 세 번 정도 주거니 받거니 했다면 상대방은 당신에게는 근거가 충분하다는 하다는 인상만큼은 분명히 가지게 되었을 것이다. 그러므로, 이렇게까지 상황이 전개되었다면 사람들은 이미 당신의 의견을 한번 따라 보자는 쪽으로 마음이 기울었을 것이다.

구조를 제시한다

문제점을 설명할 때 이를 구조화해서 설명하면 좋다. "○○에는 △△이라는 전제가 필요합니다", "□□하는 데는 ××이라는 조건이 필요합니다"처럼 구조적으로 정리해 이야기하면 설득력이 높아진다.

컨설턴트들에게는 특유의 생각구조 기법이 있다. 피라미드 구조나 로직트리(Logic Tree) 같은 이름의 기법을 이용해 사안의 인과관계를 검토한다. 근거로 작용하는 요인들을 세세히 분해한 뒤 이들을 분류하고 항목화해 이야기하면 당신이 문제를 제대로 파악하고 있다는 인상을 듣는 이에게 심어줄 수 있다.

인과관계를 검토하는 로직트리

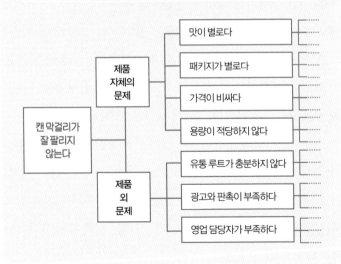

07

누가 당신의 의견을 반박할 때는 이렇게 맞서라

나는 내가 진행하는 세미나 콘텐츠의 설득력을 높이기 위해서 평소에 다양한 사례들을 수집하고 정리한다. 세미나는 어떤 사례를 소개하는지에 따라 참석자의 집중도, 반응, 성패 등 모든 것이 좌우된다. 회의도 다르지 않다. 사례는 회의 참석자들의 이해를 돕고 방향성을 이끌어가는 데 대단한 효과를 발휘한다.

기본적으로 회의실 테이블에 앉아서 주고받는 이야기는 현실의 문제나 현실적 해결책과 거리가 있는 이야기에 머물 가능성이 있다. 탁상공론에 그칠 수도 있는 추상적인 화제에 비해 실제로 있었던 사례는 현실적인 화제다. 사례는 반론이 불가하다는 막강한 힘도 가지고 있다.

"백문불여일견(百聞不如一見)"이라는 말은 잘 알려져 있다. 그런데 그 뒤에 이런 말이 덧붙어 있다. "백고불여일행(百考不如一行)." 이는 백 번 생각하는 것보다 한 번 행동하는 편이 중요하다는 말이다. 누군가 행하여 얻은 결과라면 그건 명백한 진실이다.

예를 들어 '이 기획 괜찮겠다' 싶어 제안을 했다고 해 보자. 다음과 같은 말 한마디면 당신의 제안은 즉시 묵살될 수 있다.

"예전에 그걸로 실패했어요."

실제 있었던 사례에는 저항하기 어려운 법이다. 게다가 어떤 이가 직접 경험한 적이 있다고 한다면 가령 그것이 실패한 사례라 할지라도 그는 다른 이들과 다른 가치를 인정받을 수 있다.

실제 성공사례나 실패사례는 평소에 관심을 가지고 수집해나가지 않으면 갑자기 찾기 어렵다. 그러니 자료수집 습관을 들이기 위해 노력하자. 습관을 들이는 것도 쉬운 일은 아니지만 당신이 속해 있는 업계의 사례라든가 당신이 관심을 가지고 있는 주제와 관련된 사례로 한정하면 수집 대상은 확실히 제한될 것이다. 또한 이런 사례들이 이미 수집되어 엮여 있는 자료들을 우선 적극적으로 탐색하자. 서적이나 경영지, 텔레비전 프로그램 등을 꼼꼼히 살피고 정리해 모아두도록 하자.

사례는 특정 조건에서 태어난
생물이라는 점을 잊지 말자

당신이 제안하고자 하는 내용에 가까운 긍정적 사례를 내놓을수록 설득력은 급상승한다. 단 성공사례든 실패사례든 그 사례와 당신의 제안은 모든 조건이 유사할 수 없다. 예를 들어 무인 주문 기계를 음식점에 들여 놓는 경우라도, 젊은 직장인이 많은 지역이라면 매출이 증가되는 반면 초등학생들과 학부모 단체 고객이 많은 음식점에서는 매출 감소라는 쓰라린 결과가 발생되기도 한다. 동일한 시책이라도 사정에 따라 서로 다른 결과를 낳는다.

자, 그렇다면 다시 생각해 보자. 당신이 어떤 제안을 했는데 누군가가 "이전에 그 방법을 썼다가 참패했어요"라고 말했다. 과거의 사례가 당신의 제안에 맞선 상황이다. 어떻게 이 상황을 이겨낼 수 있을까? 예를 들어 당신이 판촉 방안으로 DM을 제안했다고 하자. DM은 세 가지 조건에 따라 결과가 크게 달라진다. 발송 리스트, 제안 내용, 캐치프레이즈가 그 세 가지다. 그렇다면 당신은 "제안 내용을 최소화하고 캐치프레이즈 스타일을 완전히 바꿔서 이번에는 새롭게 추출한 고객 리스트를 대상으로 DM을 발송한다면 이는 과거의 사례와 완전히 다른 작업입니다. 이번엔 좋은 반응을 얻을 수도 있습니다"라고 반론하면 된다.

08

대놓고 반박하지 않는
고급 반론의 기술 모음

어떤 회의에서는 누가 봐도 잘못된 의견이 도출되고야 만다. 왜 그런 일이 벌어지는 걸까? 목소리만 큰 상사, 혹은 현장 감각이 떨어졌는데 예전처럼 자기 의견을 밀어붙이는 경영자 때문인 경우가 대부분이다. 즉 결정권을 가지고 있는 사람이 회의에서 자신의 권한을 지나치게 휘두르고 다른 사람들은 그에 굳이 대서지 않겠다고 생각했기 때문에 미숙하거나 잘못된 의견이 결론으로 굳어져버리고 마는 것이다. '이대로라면 잘못된 결론이 도출되고야 말겠군' 하는 생각이 드는 그런 회의 상황을 한 번쯤 경험해 보았을 것이다.

그런데 이런 상황에 굳이 대시아 하는 이유가 있다. 회의에서 만들어진 잘못된 결론을 바탕으로 실무를 해나가야 하는 사람이 바로 우리 자신이기 때문이다. 잘못된 결론을 수정 없이 그대로 지켜내려다 보면 실무는 꼬이고 성과는 초라해진다. 그 과정과 성과에 대한 책임은 누가 지게 되는가? "과거에 그 회의에서 잘못된 결론이 도출되었기 때문입니다"라고 말하는 것도 우리 자신의 역할을 스스로 축소시키는 셈이니 체면이 제대로 서지 않는 일이다. 게다가 그런 말을 하더라도 이미 벌어진 실무 상황은 달라지지 않고 나에 대한 평가가 조정되는 일도 없을 것이다.

하지만 상사를 거스르자니 왠지 주눅이 든다. 연설하듯 길게 말하고 큰 목소리로 자신의 의견을 늘어놓기만 하는 상대방을 앞에 두고 반대 의견을 내놓자니 괜한 대결 구도를 만드는 것 같아서 발언을 하기가 꺼려진다.

권한을 가지고 있지만 자신에 대한 비판적 인식이 없는 분들이 듣기 싫어하는 표현이 있다. '그래도', '하지만', '그렇다고 해도' 등이다. 반론하는 표현들이다. 그러니 만약 우리가 표 나지 않게 반론을 제기할 수 있다면 회의 이후 업무가 상당히 편해질 것이다.

드라마 주인공들이 하는 것처럼 회사 회의실에서 "그건 아닌 것 같은데요"라는 말을 꺼내는 건 쉬운 일이 아니고 효과도 불분명하다. 그렇다면 어떻게 반론하면 좋을까?

대놓고 반박하는 대신
논점이 빗나가게 반론한다

1. 질문한다

상대방이 내놓은 의견의 모순점이나 허점이라고 생각되는 부분
에 대해 모르는 척 질문하는 방법을 써 보자. 상대방이 대답하기
곤란해하거나 자기 의견의 모순점을 스스로 깨달아준다면 질문
의 효과를 본 것이다.

나도 컨설팅을 진행할 때 고객사에서 자신의 입장만을 너무
우선시하는 의견을 들었을 때는 "그게 고객을 위한다는 인상을
줄 수 있을까요? 그렇게만 된다면 상관없겠습니다"라며 짐짓 모
르는 척 질문을 던졌다.

고객의 지지를 얻지 못할 시책을 선택하는 기업이 오래 번창
할 수 있을 리가 없다. 이건 상대방도 동의하는 바일 것이다. 그러
니 상대방이 이를 자신의 머릿속에 떠올리게 만들어서 그가 스
스로 의견을 조정하게 만들자.

2. 착각한다

아무 생각을 가지고 있지 않은 것처럼 일단 상대방의 말에 찬성
하는 취지의 발언을 하지만, 결과적으로는 이의를 제기하는 모
양새를 만들어 보자.

예를 들어 한 국회의원이 누군가의 불법 투기행위로 만들어진 돈을 절차상 문제가 없는 정치 후원금으로 받아 업무에 사용했다는 뉴스가 대화의 화제에 올랐다고 하자. 그리고 이 문제에 대해 상대방은 불법 투기 자금을 받았다는 점이 큰 문제라는 의견을 내놓았다고 하자. 하지만 당신은 생각이 다르다. 그 국회의원이 자금의 출처를 확인하지 않은 건 절대 잘한 일이 아니지만, 적법한 절차를 거쳐 후원금을 받은 상황이라면 그 국회의원에게 책임을 물을 일은 아니라고 생각한다.

하지만 상대방에게 "꼭 그렇다고만은 할 수 없어요" 하며 직접적으로 반대의견을 내놓고 싶지도 않다. 그럴 때 다음과 같이 발언해 보자.

"불법 투기 자금을 받아서 정치하다니 해명의 여지 없이 그 국회의원 잘못이지."

"맞아요. 결국 그 돈을 받게 된 자선단체도, 주유소도, 음식점도 모두 한통속이죠, 뭐. 출처를 확인 않고 받았잖아요."

상대방의 의견이 맞다고 말하며 찬성했다. 하지만 결과적으로는 상대방이 내놓은 의견의 구멍이나 모순점을 콕 찌르는 발언을 던진 셈이다.

3. 이유를 이야기하지 않고 흘려버린다

상대방의 논리에 정면으로 맞부딪치면 상대방은 빠져나갈 곳이 없다. 그러니 논리에는 뜬구름 잡는 듯한 이미지로 부딪쳐 보자. 그러면 상대방을 딱히 뭐라 지적하지 않는 반론이 된다. 예를 들어 이런 식이다.

"머리론 이해되는데 무의식이 예스라고 하질 않네요. (웃음)"

설득이나 협상을 하는 자리는 대립 구도가 되기 쉽다. 하지만 그보다는 같은 편에 서서 정보나 의견을 공유하며 바람직한 방향으로 나아가는 편이 좀 더 생산적이고 발전적일 것이다. 당장 그 자리에서 상대방을 논파해버릴 수 있을지라도 적을 만들 생각이 아니라면 다른 길을 선택하는 게 이득일 수 있다.

반대축을 제시하며 완곡하게 반대한다

한번은 내가 컨설팅하고 있는 한 기업의 상품개발 회의에 참석하여 개발 담당자가 휴대용 프린터 제품 사양에 관한 설명을 하는 것을 들었다. 담당자는 "신제품은 휴대용 프린터가 익숙하지 않은 초심자를 타깃으로 한 제품으로 간단 조작과 대용량 출력

상대방과의 의견 차이를 매트릭스로 검토한다

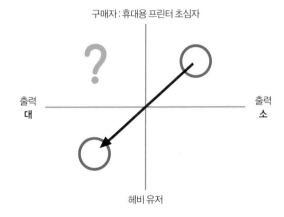

구매자 : 휴대용 프린터 초심자

출력
대

출력
소

헤비 유저

이 장점인 제품"이라고 설명했다.

이 말을 들은 나는 한 가지 의문을 가지게 되었다. '초심자가 타겟이라면 대용량 출력은 오버스펙이 아닐까?'라는 생각이 들었던 것이다. 그리고 발언을 하기에 앞서, 펜을 들어 노트에 매트릭스 표를 그렸다. 상대방을 공격하지 않으면서도 이해하기 쉽게 전달하고 싶었기 때문이었다.

이렇게 축을 이용해서 사안을 정리하면 아주 편리하다. 좋은 통찰을 얻을 수도 있다. 반대축을 제시함으로써 논의를 일반론으로 바꾸어 완곡하게 이의를 제기할 수도 있다.

예를 들어 상대방이 이상적인 대의에 대해 이야기한다면 그 반대축에 있는 현실에 대해 이야기하는 것이다. 반대로 상대방이 지극히 현실적인 의견만을 제시한다면 "사실 애초에는" 하며 논의를 이상적인 대의에 관한 것으로 전환시킬 수 있다. 즉 대의에는 현실을, 현실에는 대의를 제시하면 된다.

"대의가 없으면 결국 사람들이 따라오지 않아요."

↓ ↑

"현실적으로 가능한 일이 아니라면 그것도 문제죠."

반대축 개념은 다른 상황에도 확장해 볼 수 있다. 만약 상대방이 구체적인 개별 사항을 강조해 제시한다면 그에 대한 반대축으로 추상적 의견이나 정서적 효과 등을 제시하자. 반대의 경우라면 뒤집어 적용하자. 또한 상대방이 통계 데이터를 근거로 의견을 제시한다면 현실 사례를 제시해 맞설 수 있다.

"마케팅 조사 데이터만 봐도 확실해요."

↓ ↑

"데이터대로만 된다면 실패하는 기업은 없을 거예요.
지난달에 A 기업에서 이런 일이 있었잖아요."

미시와 거시라는 반대축에 대해서도 생각해 보자. 예를 들어 중소기업은 경기 동향에 외사 상황이 좌지우지된다는 이미지가 있다. 하지만 거시경제 수치에 따라 매출이나 경상이익이 증가 또는 감소하는 것은 오히려 대기업 쪽이다. 중소기업은 몇 군데 거래처가 호조세를 보이면 세상이 아무리 불황에 시달려도 평안할 수 있다. 다시 말해 중소기업은 미시경제 속에서 살아간다. 이러한 시점만 있으면 "경기가 안 좋아서 중소기업이 도산 위기에 있다"라는 의견에 간단하게 반론을 제기할 수도 있고, 그 의견에 동조할 수도 있을 것이다.

이외에도 '법칙 vs. 사례', '국내 vs. 세계', '공공 vs. 민간' 등의 반대축을 기준으로 생각하는 습관을 들여두면 논의할 때 뿐 아니라 여러 모로 유익하다.

반론을 즐기며
적 대신 편을 만들어라

회의나 논의 자리에만 들어가면 무작정 반론을 하는 사람이 있다. 논의를 균형 잡히게 만들어 전방위적인 결론을 찾고 싶은 마음을 모르는 바는 아니다. 하지만 그런 사람을 다른 이들이 대부분 거북스러워한다는 점이 결국 문제가 된다. 그러니 어떤 식으로든 상대방에게 반론을 제기하려면 상대방의 적의를 다룰 줄 알아야 한다.

만약 당신의 제안에 누군가가 "황당무계합니다"라는 반론을 제기한다면 빙긋 웃으며 다음과 같이 이야기하자.

"네. 하지만 모든 가능성을 검토해야 마지막 남은 제안에도 비로소 설득력이 생기니 어쩔 수 없습니다."

물론 상대방의 적의에 찬 발언이라도 당신의 의견에 대한 반대 의견은 오히려 고마워해야 할 대상이다. 그의 의견을 제대로 받아침으로써 다시 한번 당신의 의견에 사람들의 시선이 모이게 할 기회를 얻은 셈이기 때문이다.

그러니 그의 지적을 일부 받아들여서 당신의 기획을 보강하고 수정해 제시하자. 객관적인 검증을 버텨내지 못하는 기획은 어차피 실시해도 실패할 것이 뻔하다. 반대 의견 덕분에 그 실패를 사전에 피할 수 있는 셈이다.

그렇다면 어떤 부분을 일부 받아들이는 게 좋을까? 반대 의견의 여러 가지 내용 가운데, 당신의 성과를 방해할 가능성이 없는 주변적인 사항들을 분별하여 받아들이도록 하자. 본질적인 부분이 아닌 주변적인 부분은 과감히 양보하자.

그렇게 하면 어떤 이득이 있을까? 당신이 제시했던 의견을 수정해서 어느 정도 다른 사람의 의견을 반영해주었다고 해 보자. 그러면 당신은 그 의견을 집행하는 과정에서 그 사람의 협력을 요정해도 될 것이다. 또한 당신은 적이 탄생할 수 있었던 사안 하나를 잘 해결해낸 셈이다.

한발 더 나아가 보자. 시간이나 상황 면에서 여유가 있을 때라면 상대방에게 일부러 져주기도 하자. 아니면 부분적으로라도 패배를 선언하자. 상대방을 100퍼센트 패배하게 하는 당신의 100퍼센트 승리는 필연적으로 적을 만든다. 양보할 수 있는 포인트는 양보함으로써 다음을 위한 투자까지 해내도록 하자.

5장

짧게 말해도
고객의 지갑을
열 수 있다

선물을 준비하는 마음으로
프레젠테이션을 준비하라

프레젠테이션은 카피라이터의 업무에서 굉장히 중요한 부분을 차지한다. 나는 광고사에 다니던 시절 크고 작은 규모의 프레젠테이션을 일주일에 두 번 이상 했다. 클라이언트를 대상으로 진행하는 프레젠테이션 외에도 협업하던 디자이너에게 업무를 매번 먼저 설명하고 상사에게 아이디어를 바쁘게 제안해야 했으니 거의 매일같이 미니 프레젠테이션을 했던 셈이다.

그 당시 내 머릿속에는 이런 생각이 있었다. "프레젠테이션은 곧 프레젠트(present)다." 프레젠테이션이 선물 같다고 생각했다.

사랑하는 사람에게 줄 첫 선물을 고른다고 생각해 보자. 그가 어떤 선물을 받으면 기뻐할지 여러 번 다각도로 생각하고 주변 사람들에게 물어보고 검색해 본 뒤에 가게에 들어서지만 그 뒤에도 시간이 어떻게 흐르는지 모를 정도로 고민하고 또 고민할 것이다. 그러니 선물을 받은 사람은 일단 그 사실에 감사해야 한다.

업무로 하는 프레젠테이션도 마찬가지라고 생각하자. 상대의 입장을 생각하고, 무엇을 기대하고 바랄지, 그리고 그런 자리가 열리게 된 이유와 목적이 무엇인지를 고심하고 또 고심하여 기획안을 만들어내자. 그 준비에 걸리는 시간과 마음이 상대방에게 선물처럼 느껴지게 준비하자.

대부분의 프레젠테이션은 초반에 마케팅 조사 결과 및 시장 환경 분석 결과를 배치한다. 하지만 이는 따분한 방식이다. 프레젠테이션은 충격을 선사해야 한다. 목표는 이상적이어야하고 사례는 경이로워야하며 데이터는 믿기 어려운 자료여야 한다. 당신의 안이 채택되기 위해서는 강력하고 효과적인 문구와 자료로 무장한 채로 프레젠테이션해야 한다.

그래서 이번에는 당신의 제안이나 아이디어가 채택받게 만들어주는 프레젠테이션 언어, 영업 언어에 대해 이야기하려 한다. 업무 현장에서는 프레젠테이션할 일이 많다. 그리고 이는 당신의 평가를 드높일 수 있는 절호의 기회다.

상대방이 동의할 수밖에 없도록 등 떠밀어주는 문구, 결정적인 순간에 주고받는 타이틀 문구 등 프레젠테이션 현장과 영업 현장에서 강력한 무기로 사용할 수밖에 없는 말 기술을 전수하고자 한다.

01

프레젠테이션은
엔터테인먼트다

프레젠테이션 주제에 시장분석, 전제조건 확인, 경쟁사 동향 등의 내용이 복잡하게 얽혀 있는 경우가 있다. 그러면 아무래도 프레젠테이션 시간이 길어지고 만다. 다행인 점이 하나 있다. 프레젠테이션의 청중은 강연이나 세미나의 청중보다 끈기 있게 들어주는 편이다. 당면 과제에 대한 절실함을 발표자와 청중이 공유하고 있기 때문이다.

하지만 그런 청중의 머릿속에도 단조롭고 긴 프레젠테이션은 기억되지 못한다. 의지를 가지고 있는 청중도 듣는 자세를 유지하지 못하는 상황이 벌어졌다면 발표자는 자신의 말하는 법에 대해 다시 생각해야 한다.

광고사에 다니던 시절, 당시에 나는 좋은 기획안을 가지고 있을수록 부수적인 문제까지 확실히 정리해 발표하겠다는 마음으로 시장 환경 분석, 데이터, 도표 등 이론 부분을 무장하는 데 힘을 쏟았다.

한번은 식품제조업체의 기업 브랜드를 확립하기 위한 기획안을 구안하고 있었다. 세 개의 광고회사가 붙는 경쟁 프레젠테이션을 앞두고 있었다. 이를 준비하기 위한 기획회의 단계에서 강렬하다고 자부할 만한 슬로건과 기획안이 완성되어 나는 '이번 프레젠테이션은 이겼다'라고 믿어 의심치 않았다.

프레젠테이션을 압도하는
강력한 문장을 준비하자

프레젠테이션 당일이 되었다. 나는 광고주 회의실에 들어가 설명을 시작했다. 지금 그 당시를 떠올려보면 내 프레젠테이션에서 청중들은 마치 학교에서 듣는 지루한 수업 같다는 인상을 받았던 것 같다.

내 생각에도 아주 진지하고 재미없는 프레젠테이션이었다. 아마도 청중은 프레젠테이션 전반부에 이미 의욕을 상실하고 말았을 것이다. 결국 나의 독창적인 기업 슬로건은 채택되지 못했다. 프레젠테이션의 핵심이었던 기획제안 부분 또한 앞선 지루한 설명의 연장으로 여겨져 청중들은 귀담아 듣지도 않는 듯했다.

나는 '대체 왜 이 기획안을 선택하지 않는 거야!' 하며 절망했다. 나중에 신문에 게재된 광고를 보니 표현도 기획도 너무 평범했다. 분하다는 생각마저 들었다.

나는 이 경험을 계기로 프레젠테이션에 대해 다시 생각했다. 오랜 고민 끝에 "프레젠테이션은 엔터테인먼트여야 한다"라는 결론에 이르렀다. 그리고 핵심 기획의도를 설명할 때는 듣는 사람들이 '이거 재미있을 것 같다!', '잘하면 고객에게 먹힐 것 같다!' 하는 생각이 들어 자신도 모르게 몸을 앞으로 쭉 내밀 수 있을 정도로 강력한 문장을 덧붙이겠다는 전략을 가지게 되었다. 기획안의 가치를 사람들이 알아봐주지 않는다고 아무리 불평하고 비판해 봤자 나에게 조금의 이득도 돌아오지 않으니 말이다.

프레젠테이션을 압도하는 강력한 문장이 필요하다. 이 문장은 어떤 성격을 지녀야 할까? 이 문장은 아이디어의 핵심이자 기획서의 타이틀, 프레젠테이션의 캐치프레이즈로서 기획 전체의 흐름을 예고하는 한 문장이어야 한다.

청중에게 기대감을 불러일으키는 타이틀로 내가 다음과 같은 문장을 더했더라면 경쟁에서 이기고 지는 문제를 떠나서 최소한 내가 준비한 기획을 있는 그대로 전달하는 일만큼은 제대로 해 낼 수 있었을 것이다. "1년 매출을 확보해주는 단 1번의 광고를 만들어 냅니다."

퀴즈:
놀이와 밀당을 선사하자

인간의 집중력은 그다지 높지 않다. 청중이 당신의 말을 계속 듣게 만들기 위해서는 어떻게 해야 할까? 그들이 당신에게 품은 기대와 흥미를 계속 유지할 수 있도록 하는 장치를 마련해야 한다. 그러니 당신에게는 강력한 문구들이 필요하다. 궁금증을 유발하는 티저 문구나 퀴즈를 제시해 보자.

"판로를 50퍼센트 확대할 수 있었던 방법. 그건 바로 인터넷을 끊는 것이었습니다."
"20대 고객들은 A와 B 중 어떤 디자인을 선택했을까요?"

프레젠테이션 자리에 앉아 있는 모두가 매우 진지할 거라 과대평가하지 말자. 매력적인 문구를 제시함으로써 청중을 무장해제시키고 기꺼이 귀 기울이는 자세를 당신이 직접 만들어내겠다고 생각해야 한다. 그런 생각을 가지고 청중을 직접 좌지우지할 줄 알아야만 당신의 기획은 비로소 빛을 볼 수 있다.

요약한다

프레젠테이션에서 발표를 할 때든 보고할 때든 상사나 부하 직원에게 발언을 할 때든 내용을 정확하게 요약하는 것은 매우 중요한 기술이다. 요약이란 문자 그대로 요점을 간단히 줄인다는 뜻이다. 다른 말로는, 불필요한 부분을 제거하는 작업이다.

같은 내용을 전달할 때 말의 길이가 짧을수록 선명해진다. 다음과 같은 포인트에 주의하며 간단히 줄이는 연습을 해 보자.

요약의 정석

- 결론부터 말한다.
- 주제를 의식한다.
- 5W1H를 문장의 골격으로 삼는다.
- 키워드를 눈에 띄게 부각한다.
- 개인적인 의견은 따로 떼어 이야기한다.

이 항목들은 다른 사람의 이야기를 들으며 메모하는 요령이기도 하다. 다시 말해 좋은 요약이란 내용을 파악하는 힘이 전제되어야 나올 수 있는 결과물이다.

요약은 연습하면 잘할 수 있다. 어떤 재료든 좋으니 요약하는 연습을 하자. 누군가에게 들은 체험담도 좋고, 오늘의 회의 내용도 좋고, 다 읽은 미스터리 소설도 좋다. 누군가 부탁하지 않았더라도 주변의 긴 콘텐츠들을 요약해서 짧게 정리해 보도록 하자.

02

고객의 고객에게는
봉사하지 마라

프레젠테이션 또는 영업 상대방은 고객사 혹은 고객이다. 이들이 기대하는 이득은 어떤 것인가? 대부분의 경우, 명확하다. "신상품을 시장에 성공적으로 진출시키고 싶다", "제휴를 통해 수익성 높은 신규 사업을 시작하고 싶다", "신규 점포의 콘셉트 디자인으로 고객을 많이 모으고 싶다" 등이다. 하지만 그들의 바람을 파악할 때는 섬세하고 깊이 있게 접근해야 한다. 고객사의 바람을 표면적으로만 파악해서 정작 중요한 세부 사항을 놓쳐 버린 탓에 일이 성사되지 못하는 경우가 실제로 있다.

예를 들어 당신이 영업사원으로 대형 기업을 방문하여 자사 제품을 취급해주기를 설득하는 상황이라 생각해 보자. 당연히 낮은 가격을 제안해야 좋겠다고 생각할 것이다. 어쩌면 영업이란 가격을 낮추고 방어하는 기업 차원의 노력이라고 할 수도 있으니 말이다.

하지만 당신이 영업하는 상품이 건축재라면 어떨까? 대형 건설회사에서는 건축재의 정가가 높을수록 취급하고자 하는 의욕을 높인다. 높은 정가의 건축재를 낮은 구매가격으로 사들이기를 원하기 때문이다. 즉 당신이 파는 상품이 정가는 높되 다만 그 회사에 대한 할인율도 높아서 구매가격이 낮은 그 상황을 원하는 것이다. 질 낮은 재료와 섬세하지 못한 가공과정을 이유로 정가가 낮게 책정되어 있는 제품은 그들의 건물에 집어넣고 싶지 않은 것이다. 그러니 무작정 최저가만 생각해서는 영업에 성공하지 못한다. 정가, 즉 일반 판매가는 높게 할인율도 높게. 이것이 건축재 영업의 핵심이다.

고객의 고객이 아니라
고객에 집중하자

캐치프레이즈로 메시지의 핵심 포인트를 전달하는 법을 살펴보도록 하자. 역시 건축재를 예로 들어 보겠다.

대부분의 바닥 난방 제조업체는 대형 건설회사에 영업할 때 "눈이 오는 날에도 발끝부터 뜨끈뜨끈! 아이들도 안심!" 같은 메시지를 강조하며 프레젠테이션을 할 것이다. 하지만 이 제품을 취급했을 때 건설회사가 누리게 되는 이점을 명쾌하게 어필해야 한다.

"건평은 똑같아도 평 단가가 올라갑니다."

비용이 저렴한 지하실 조립식 가구를 판매하면서 "자유롭게 쓸 수 있는 거실 공간이 늘어납니다"라는 말을 내세워서는 안 된다. 이유가 무엇일까? 이는 건물주나 집 주인, 즉 건물 이용자들이 누릴 이점이기 때문이다. 당신의 고객은 건설회사다. 그들이 누릴 이점을 언급해야 한다.

"다른 건설회사에서 시도하지 않았던 획기적인 공간활용을 고객에게 어필할 수 있습니다."
"저렴하게 공간을 구성한 뒤 고급화 판매 전략을 진행할 수 있습니다."

이번엔 주택 설비를 소매로 판매하는 점포에 영업을 하러 갔다고 생각해 보자. 구매자, 즉 점포를 운영하는 사장의 바람은 "어떤 상품이 저렴하고 기능이 좋을까?"가 아니다. 이는 점포의 입장이 아니라 점포를 이용하는 고객의 입장이다. 점포 사장이 원하는 건 '매장 운영 효율 높이기'다. 다시 말해 점포 매장의 면적당 매출을 높이는 고부가가치 상품이면서 도매가격은 최대한 낮출 수 있는 상품을 원한다.

그렇다면 설비를 전문적으로 판매하며 일정 공간을 구성, 관리하는 일을 일괄 진행하는 벤더사에서 원하는 건 무엇일까? 그들은 일단 가격이 저렴하기를 원할 것이다. 한 가지를 더 생각해 보자면 무엇일까? 그들이 납품을 진행한 업체에서 매달 그들에게 지불해야 하는 유지관리 비용을 비싸게 설정할 수 있는 시스템 상품을 이상적으로 여길 것이다.

이처럼 서로 다른 상대방의 입장을 구체적으로 간파하는 게 중요하다. 그래야 상대방이 무엇을 이점으로 여길지를 정확히 알 수 있다. 그것을 알고 있는 상태에서 캐치프레이즈를 만들어야만 성공할 수 있다.

하나의 물품이 처음 생산된 뒤 최종 이용자에게 가 닿기까지 수많은 층위의 유통이 진행된다. 그 안에서 당신의 고객사가 어떤 위치에 있는지에 따라, 그리고 당신의 고객사 내부에서도 어떤 입장에 있는 사람을 상대로 영업을 하고 있는지에 따라 당신의 고객이 이점으로 느끼는 포인트가 확연히 달라진다. 상대방이 어떤 이해관계에 얽혀 있는지를 철저히 파악하고 그에 맞춰 어필해야 한다. 한 회사 안에서도 부서에 따라 이점으로 느끼는 바가 다르다.

이점에 대한 부서별 인식 차이

- **설계 담당** : 스펙은? 강도는? 사이즈는?

- **구매 담당** : 가격은? 최소 구매수량은?

- **생산 담당** : 원료의 양 대비 생산량은? 보증기간은?

- **경리 담당** : 보조금은? 세제 혜택은?

- **판촉 담당** : 획기적인가? 업계 최초인가?

나는 하청공장의 판로개척을 컨설팅하는 업무를 여럿 수행해왔다. 이때 나는 늘 강조했다. "단가를 낮춰서 일을 따내지 말고 고객사가 비용을 절감할 수 있는 기술을 비싸게 파세요."

제품의 납입단가를 낮춰서 일단 물건을 판다면 그 가격보다 싼 가격을 제시하는 다른 업체가 등장하자마자 매출은 끊긴다. 하지만 고객사의 이익률을 높일 수 있는 기술이나 설계를 제안해 판다면 고객사는 쉽게 이탈할 수 없다.

고객의 이점을 겨냥해서 명중시키자

나는 컨설팅을 할 때 매스컴에 보도자료를 잘 만들어 보내라고 권한다. 그리고 좋은 보도자료를 만드는 방법 중 핵심은 "기자의 마음으로 작성하라"라고 이야기한다. '기자'가 흥미를 느낄 만한 기삿거리를 만들어 제공하라는 말이다. 기자들의 관심은 "이 정보를 게재(소개)했을 때 독자(시청자)들이 흥미를 느낄 것인가?"에 쏠려 있다. 또한 "장기 휴일이 있거나 인사이동 시기가 되면 일손이 부족해지니 연말, 연휴, 여름휴가 전에는 기사를 많이 만들어 놓아야 한다" 같은 생각도 가지고 있다.

이 점을 이해하면 보도자료 작성과 배포에 임하는 확실한 관점을 가질 수 있을 것이다. 독자가 원하는 정보를 제공하는 기사문이 되도록 보도자료를 작성하면 된다. 또한 평소에도 기자들의 일손이 부족할 시기 직전에 보도자료를 돌리면 채택률이 높아진다는 요령을 얻을 수 있다.

그럼 다른 상황에 한번 적용해 보자. 상공회나 상공회의소에는 기업 대상으로 세미나를 자주 진행하는데 세미나 홍보를 맡고 있는 담당자들은 늘 집객 문제로 골머리를 앓는다. 집객이 잘 되지 않을 때는 회사 한 곳 한 곳에 전화를 걸어 직접 참여를 권유하기도 한다고 한다.

세미나라는 상품에 대한 고객의 니즈는 다양하다. 일단 한 가지 니즈를 예측해 문구를 만들어두고, 그 니즈가 상대방과 거리가 있을 때 제시할 또 다른 문구를 예비해두도록 하자. 예를 들어 캐치프레이즈 만들기 세미나의 참가자를 모으고자 할 때 "판로개척에 효과적일 겁니다"라는 이점을 우선 내세웠다고 하자. 그때 상대방은 이렇게 말할 수 있다. "지금 우리는 판로개척 때문에 힘들지 않으니 괜찮아요."

　하지만 수주 때문에 힘들지 않다면 지금 문제가 되는 건 일손 문제일 수 있다. 그러니 다음과 같은 문구를 던질 수 있어야 한다. 이런 문구를 미리 여럿 준비해 매뉴얼처럼 만들어두면 좋다.

　"혹시 구인 문제로 힘들지 않으신가요? 이상적인 기업 슬로건을 만들면 훌륭한 인재를 보다 쉽게 채용하실 수 있을 거예요."

네이밍의
힘

네이밍에 대해 생각해 보자. 캐치프레이즈와 비슷한 듯 다른 것이 네이밍이다. 상품이나 서비스의 경우 네이밍은 그 특징이나 용도, 메리트를 단적으로 표현한 것이다. 캐치프레이즈는 필요에 따라 변형하거나 새롭게 바꿀 수 있지만 네이밍은 한 번 붙이면 간단히 바꿀 수 없다.

일반적으로 상품개발에는 시간과 비용을 들이지만, 네이밍은 출시 직전에 급히 만드는 경우가 적지 않다. 그래서일까? 어딘가 좀 부족한 상품 네이밍이 시중에 끊임없이 등장한다.

판촉 세미나나 강연 때문에 지방에 가면 그 지방의 지역상품이 잘 팔리지 않는다는 문제를 자주 상담해 온다. 나는 상품이 팔리지 않는 이유가 90퍼센트쯤은 네이밍과 패키지에 있다고 답한다. 품질이 좋은 지역상품에 어색한 네이밍과 특색 없는 패키지를 더하니 팔리지 않는 것이다.

지금보다 두 배, 네이밍에 공들이자

지역상품 시장 말고 일반 시장에도 네이밍을 바꾸어 주목을 받고 잘 팔린 상품이 많다. 새롭게 발명한 상품이 아니라 제품군이 원래 있었는데 약간만 특색을 넣은 뒤 새롭게 포장하고 이름 붙여서 판매를 유도하기도 한다.

캐치프레이즈로 화제를 불러일으킨다고 해도 그 화제성이 매스컴에 소개되는 일은 거의 없다. 하지만 네이밍은 다르다. 네이밍이 재미있고 좋다는 평가를 받으면 그 자체가 매스컴의 소재가 된다.

다양한 기관이나 업체에서 서비스나 지원사업을 개선할 때 네이밍 공모전을 열기도 한다. 혹은 처음 나타나는 사회적 현상이 언어화될 때 이 현상의 특징을 포착하여 알맞는 네이밍을 하는데 공론이 모이기도 한다.

예를 들어 '재난지원금', '공수처법', '생애최초 특별공급', '행목수택', '방배동 모자 사건' 등의 표현은 눈 깜짝할 사이에 언중

속에서 하나의 표현으로 굳어져 공유된다.

또한 비대면 방식이 익숙한 시대에 온라인을 통해 공연이나 전시를 즐기는 방식을 일컫는 '온택트(on-tact)', 책을 읽으며 삶의 즐거움을 찾고 호기심에 부응하는 인간이라는 의미를 지닌 '호모 부커스(Homo bookers)'처럼 유행어가 만들어지는 것도 광의의 네이밍이다.

비즈니스 관련 도서들에서는 독자들에게 인상을 남기기 위해 업무기술 노하우에 이름을 붙이는 경우가 많다. '3-3-2 원칙', '1만 시간의 법칙'처럼 숫자를 부각시켜 인상을 남기려 하거나 'ABC 규칙', 'MECE 구성법'처럼 철자 순서나 어감, 단어의 이미지를 네이밍에 이용하는 일이 흔하다.

네이밍은 짧은 문구의 전형이라 할 수 있다. 많은 사람들이 의외로 네이밍에 제대로 힘을 쏟지 않기 때문에, 시간과 지혜를 쏟아 부으면 그만큼 효과를 볼 수 있는 게 네이밍이다.

새로운 상품이나 서비스가 아니라 프로모션 방안에 대한 제안서를 제출할 때에도 문서에 이름을 붙이면 쉽게 기억되고 선택받을 가능성이 높아진다. 이때 "○○공식", "○○력"처럼 키워드 느낌을 주면 더 좋다.

서비스 상품에 대해 생각해 보자. 예를 들어 컨설팅 분야의 서비스 상품들은 처음 접하면 단번에 그 서비스가 제공하는 게 실제적으로 어떤 것인지를 이해하기 어렵고 뭔가 막연하다. 바로 이런 점이 컨설팅 서비스 시장을 가로막고 있을 것이다.

그러니 컨설팅뿐만 아니라 온라인 서비스, 앱 서비스를 제공하는 업종이라면 누가 들어도 서비스를 즉각 이해할 수 있도록 특정한 이미지를 활용해 네이밍을 붙이는 것이 성공을 좌우할 수 있다. 특정 이미지 덧붙이기를 잘못하면 정작 전달되어야 할 핵심 메시지가 직관적으로 전달되지 않고 타겟 고객이 누구인지에 대해서도 오해를 불러일으킬 수 있게 때문에 깔끔한 직설적 네이밍이 유리할 때가 있다는 점을 잊지 말아야 한다.

예를 들어 내 웹사이트에는 컨설팅 분야에 대한 메뉴가 있는데 그중 다음 두 가지 항목에 문의가 많다. "박람회 부스 기획 지원 패키지", "디자인 공모전 출전 지원 패키지." 만약 여기에 특정한 이미지를 덧붙이겠다고 "와글와글 박람회 부스 컨설팅", "너도나도 디자인 공모전 컨설팅"이라는 식으로 네이밍을 했다면 그 서비스를 단번에 이해하고 이용 문의를 던지는 고객의 수가 지금처럼 많지 않았을 것이 분명하다. 네이밍에 특정한 목적이 언급되어 있다는 점, 제공하는 서비스 내용을 그대로 전하고 있다는 점이 네이밍 효과로 직결된 것이다. "박람회 부스", "디자인 공모전"이라는 표현을 많은 사람들이 검색어로 이용한다는 점도 제대로 한몫했다.

04

부탁하는 순간 약자가 된다.
찾아오게 하라

보험 세일즈 분야에서 정상에 있는 사람에게 들은 이야기가 있다. 다양한 자리를 찾아가 다양한 사람을 만나는 일은 세일즈맨에게 중요한 업무다. 하지만 쉽지 않다. 보험 세일즈맨임을 밝히면 '나한테 영업하는 거 아니야?' 하며 몸을 사리는 사람들이 많기 때문이다. 그러면 어떻게 해야 할까? 처음부터 영업하기보다는 일단 인간관계를 쌓은 후에 상담을 진행시키는 것이 방법이라 생각하기 쉽다.

하지만 이 톱 세일즈맨의 방법은 정반대라고 했다. 처음 만나자마자 그는 일단 영업부터 한다고 했다. 그는 사람들을 처음 만나 인사할 때 자신의 직업을 꼭 언급한다고 했다.

"저는 보험을 판매하는 일을 합니다. 잘 부탁드립니다!"

그의 말은 이랬다. 일단 당장은 상대방이 '뭐야, 대놓고 영업을 하는구나'라고 생각해도 어쩔 수 없다. 하지만 그 후로 딱히 보험 상품을 소개하지 않는다. 친구처럼 지내며 무슨 일이 있을 때면 도와주고 다른 사람을 소개시켜 주기도 한다.

그러면 상대방은 보험이 필요할 때 그 사람을 떠올린다. 아는 사람이 보험에 가입할까 고민 중이라고 하면 그를 지인으로서 소개한다. 이는 그가 처음부터 보험 계약이 필요하다고, 잘 부탁 한다고 깨끗하게 선언했기 때문이다.

이렇게 하지 않고 처음엔 친구처럼 대하다가 어느 날 갑자기 보험 계약을 부탁하면 '역시나 그것 때문에 나랑 연락하며 지냈 던 건가' 하는 실망감을 안겨주고 만다.

찾아오도록 만드는 데
에너지를 쓰자

세일즈 세계에서 부탁하거나 영업하는 방식을 만들어나가는 건 아주 어려운 문제다. 상대방의 마음이 어떤 경우에도 상하지 않 도록 예의를 지켜서 영업해야 한다는 건 당연한 원칙이지만 너 무 저자세로 영업하면 상대방에게 상품력이나 기술력에 대한 의

구심을 심어줄 수도 있다.

예를 들어 전시회에서 "어서 오세요!" 하며 적극적으로 말을 걸어 관람객을 자사 부스로 유도한 후 판촉물 굿즈를 증정하면 일단 방문객들의 명함은 확실히 모인다. 하지만 그 속에는 사실 필요도 없는데 굿즈가 탐나서 명함을 내미는 사람도 상당수 포함되어 있다.

무리하게 입수했지만 가능성 낮은 대량의 예비고객 리스트보다 가능성 높은 소량의 리스트가 더 가치 있는 법이다. 영업자의 숫자가 많지 않은 중소기업에게는 더욱 그렇다.

나는 좋은 부스란 지나가는 관람객에게 직접 말을 걸지 않아도 그들이 스스로 찾아올 수 있도록 명쾌한 캐치프레이즈를 큼지막하게 걸어놓은 부스라고 컨설팅한다. 제대로 된 캐치프레이즈 문구 하나를 걸어놓으면 그 문구 하나가 수많은 관람객 중에서 예비고객을 자동으로 추려내준다. 캐치프레이즈를 보고 부스에 찾아온 방문객에게 이렇게 질문하면 된다.

"뭔가 곤란한 일이 있으신가요? 어떤 점을 도와드릴까요?"

이 말에는 '우리는 상품력에 자신이 있습니다'라는 고백이 숨어 있는 셈이다. 이렇게 박람회에 캐치프레이즈를 걸고 부스에서 기다리는 일은 매스컴이나 인터넷에 제품을 선전하고 문의전화를 거는 고객을 대상으로 영업 활동을 벌이는 일과 동일하다.

한편 당신의 부스를 인지하지 못하고 그냥 지나쳐 가는 사람에게 말을 거는 상황을 생각해 보자. 당신의 말은 "이시 오세요!"여서는 안 된다. 이런 말이어야 한다.

"전기요금을 20퍼센트 낮춰주는 A시스템입니다!"

첫마디부터 영업 상담을 시작해야 한다. 생각보다 적지 않은 관람객이 당신의 부스를 몇 발짝 지나쳐 간 이후에 '아, 조금 궁금한데' 하는 생각을 가지게 되었을 것이다. 그들의 눈에 들어온 캐치프레이즈가 그의 머릿속에서 생각의 흐름을 일으키는 데 드는 몇 초 동안 그들의 발걸음이 이미 그들을 부스에서 좀 떨어진 곳으로 데려가버렸을 것이다. 굳이 발걸음을 돌리는 건 좀 성가신 일이라 생각할 것이다. 그러니 어떻게 해야 할까? 그들이 당신의 부스를 지나가는 그 순간을 놓치지 말고 핵심 키워드가 그들의 귀에 들어가게 하자.

한 가지 더. 세일즈 현장에서뿐만 아니라 누군가에게 부탁을 해야 할 때 좋은 요령이 있다. 두 가지 부탁을 준비해 함께 제시하는 것이다. 이 둘 모두를 완전히 받아들이게 하려는 게 아니다. 두 가지 협상 요소를 들고 제3의 타협점을 찾아나가거나, 둘 중 한 가지를 받아들이게 하는 협상 기술이다.

"이번에 단가 인상과 납입 기본 수량 인상을 부탁드리고자 합니다."

이렇게 이야기하면 고객은 자기도 모르는 사이에 "그건 어렵습니다. 기본 수량만이라면 어떻게든 이야기해 볼 수 있겠지만 말입니다" 같은 대답을 내놓고 만다. 이는 고전적인 협상 기술을 응용한 것으로 인간의 심리에 바탕을 둔 기술이다.

05

하지 않고 못 배기게
불꽃 당기는 기술

십 년 전만 생각해 보아도 지금은 시대가 바뀌었고 조직문화도 바뀌었다. 변화된 조직문화와 동기부여에 대해 잠시 이야기해 보자. 직장 내 상명하복이 통용되던 시대는 지나갔다. 무조건 윽 박지르며 명령하는 상사는 부하직원에게 거부당한다. 당연한 일 이다. 나의 20대 시절을 돌이켜 봐도 그렇다. 지시 받은 업무의 이유나 목적을 듣지 않으면 움직일 마음이 생기지 않았다.

그렇다면 부하 직원이 가장 의욕적으로 임하는 일은 과연 무 엇일까? 바로, 본인 입으로 이야기한 일이다. 기획이나 아이디어 를 내야 하는 안건뿐 아니라 작업 기한을 정하는 경우도 마찬가 지다.

목요일쯤 되어서 부하 직원에게 업무를 맡기며 "다음 주 월요일 오후 1시까지 해주세요. 할 수 있겠죠?"라고 이야기하는 건 막무가내다. 최악의 경우라면 월요일에 일이 전혀 완성되지 못하는 사태가 발생할 수 있다.

내 친구가 근무하는 은행에서 실제로 이런 일이 있었다. 제출 기한이 1주 정도 남은 업무를 할당받은 젊은 행원이 거의 진척되지 않은 서류와 자료를 부장의 책상에 정갈하게 쌓아 놓고는 주말에 사라지고 말았다. 연락이 닿지 않다가 한 달 뒤에야 그가 고향집에 있다는 사실이 밝혀져 부장이 직접 그를 데리러 가야 했다고 한다.

자신의 문제임을
실감하게 만들어주자

다소 바쁜 업무 마감 일정을 지키게 만들기 위해서는 본인 스스로가 업무 기한을 정하게 하는 게 가장 확실하다.

고객사에 제출해야 하는 날짜가 어떤 날짜로 정해져 있는지를 아는 직원이라면 "언제까지 할 수 있을 것 같나요?"라는 질문에 '좀 빠듯하긴 하지만 이 정도쯤에 완성되지 않으면 곤란하겠지?' 하는 생각에 스스로 업무 마감일을 선언해줄 것이다.

반면 이런 사정을 몰라 다소 빗나간 일정을 제시하는 직원이 있다면 그에게는 "확인하고 수정하는 데 2일, 윗선의 결제를 기다리는 데 2일 걸린다고 가정했을 때, 고객사 스케줄에 우리가 확실히 맞출 수 있을까요?"라고 질문하여 다시 한번 생각하게 만들면 된다.

성과 목표를 정할 때도 본인이 선언하게 만들면 목표에 대한 내면화가 제대로 이루어진다. 예를 들어 영업 목표를 할당하는 회의를 진행할 때 사람들은 타인과 함께 있는 경우에 더 높은 숫자를 자신의 목표로 설정한다. 각자의 자존심 때문이든 경쟁심 때문이든 덕분에 목표 금액도, 달성률도 더 높은 수준이 된다.

"이번 분기 우리 팀 목표에 8,000만 원 정도가 부족한데, 진영 씨와 민주 씨는 각자 어느 정도 더 가능할 것 같나요?"
"미안한데, 오늘 이 일을 꼭 마쳐야 해요. 주현 씨와 상은 씨는 오늘 오후에 혹시 몇 시까지 추가근무 가능할까요?"

그럼, 실적이 부진한 부하 직원은 어떻게 독려해 줄 수 있을까? "어떻게든 해내세요. 아니면 시키는 대로 이렇게 해주세요" 하며 일방적으로 질책한다고 해도 당사자는 의욕을 잃어가기만 할 것이다. 그가 자신에게 부족한 기술이나 결핍된 마음가짐을 깨달을 수 있도록 자극을 하자. 키워드를 던지거나 특정한 내용이 담긴 자료를 공유해주거나 멘토링을 해 보자. 그러면 이 직원은 '과연 나에게 지금 부족한 게 뭘까?', '어떻게 하면 지금보다 완벽해질 수 있을까?' 같은 질문을 스스로에게 던지게 된다. 그렇게 스스로 생각하며 당신이 자극한 방향대로 전진해나갈 것이다.

그럼 이를 세일즈 영역에 가져와 보자. 세일즈 기술 중에 아직 구매를 결정하지 않은 단계에 머물러 있는 고객으로 하여금 상품을 선택하게 만드는 기술이 있다. 예를 들어 냉장고 구입을 망설이는 고객에게 다음과 같이 질문하는 것이다.

"만약 이 제품으로 구매하신다면 어떤 색상으로 하시겠어요? 흰색? 아니면 은색?"

질문을 받은 고객은 냉장고가 자신의 집에 놓여 있는 장면을 머릿속에 떠올린다. 그러면 이미 냉장고가 자기 것이 된 기분이 들어 결국 사지 않고는 못 배기게 된다.

이 방법을 프레젠테이션에 응용해 보자. 프레젠테이션 내용대로 업무가 진행될 때, 선택의 여지가 있는 옵션에 대한 질문을 미리 던져 보는 것이다.

"만약에 이 서버를 이용하신다면 귀사와 저희 회사 중 어디에 설치하는 게 좋으신가요?"

당신이 판매하는 서버를 도입했을 때 비로소 만들어질 구체적인 장면을 고객이 스스로 머릿속에 그려 보도록 유도하는 것이다. 이렇게 질문을 던졌을 때 상대방이 어떤 대답을 하고 어떤 태도를 보여주는지를 보며, 고객사가 아직 당신에게는 공유하지 않았던 문제들이 어떤 것이었는지를 즉석에서 간파하고 해결책을 제시해줄 수 있다. 당신은 프레젠테이션의 성공 가능성을 크게 끌어올릴 수 있는 기회를 만들어낸 셈이다.

06

선택 기준까지
알려주자

당신이 프레젠테이션을 마치면 고객사에서는 당신의 제안을 포함한 여러 제안들을 늘어놓고 이들을 비교해 가며 의견을 모은다. 그리고 결국에는 "어떤 기준으로 선택해야 하는가?" 하는 문제 앞에서 헤맨다.

예를 들어 광고기획 프레젠테이션 자리가 끝나면 광고주는 여러 회사의 제안 중에서 최종안을 선택한다. 광고주가 광고 분야의 전문가는 아니기 때문에 이 선택의 과정은 대부분 아주 혼란스럽고 길다. 그러니 프레젠테이션을 할 때는 선택기준도 같이 제안하자. 왜 당신의 안을 선택해야 하는지 근거를 제시하자. 이는 최종 선택이 어떤 기준으로 진행되어야 하는지, 결국 무엇을 선택해야 하는지를 계몽하는 셈이다.

"원스톱 대응이 가능한 회사를 골라야 실패하지 않습니다."

혼란스러운 곳에는
누구도 부정하기 어려운 기준을 제시하자

프레젠테이션 하는 자리에 서 보면 고객사의 영업부와 마케팅부, 기획부 등 각 부서의 의견이 다르다는 사실을 파악하게 되는 경우가 있다. 이런 때야말로 판단 기준을 명쾌하게 전달하면 프레젠테이션 성공 확률이 높아진다. 어떤 부서도 쉽게 반론을 제기할 수 없는 가치를 기준으로 제안하도록 하자.

"결국 어느 쪽이 고객을 위한 길일까요?"

중소기업이라도 고객 이익을 전제로 하지 않으면 고객의 지지를 얻지 못하고 결국 지속가능한 성장에 이르지 못한다. 고객 만족, 이미지 구축, 지속가능한 성장 등 눈앞의 이익을 넘어서는 가치를 프레젠테이션에서 판단 기준으로 제시하자. 그리고 그 가치에 따르면 당신의 제안이 최고라는 점을 설명하자.

기업의 선택에
기업의 수준이 드러난다는 점을 전달하자

고객사의 사내회의에서는 어떤 안을 선택할지 검토하다가 자칫 결론이 근시안적인 방향으로 흘러가기 쉽다. 이를 예방하기 위해서는 타사에서 제시했을 법한 제안과 당신의 제안에 일종의 평가를 덧붙여 대비하는 방법을 사용하자.

"무난한 A안과 전례가 없는 B안이 있습니다. 어느 안이 좋으신가요?"

만약 경쟁 프레젠테이션이 아닌 상황이라면 고객사에서 진행될 의사결정을 객관적으로 분석해 평가하듯 말하는 방법을 사용해도 좋다. 예를 들어 A부터 C까지의 세 가지 방안을 당신이 제안해둔 상황이라면 각 안에 대한 설명을 끝낸 후에 각각의 안이 몇 가지 기준에 따르자면 몇 점씩인지를 점수로 제시하자. 기획안 자체가 가져올 효과를 점수화하여 객관적으로 이야기하자.

"모객효과는 저희 계산기준에 따르면 A, B, C안이 순서대로 75, 60, 70점입니다. 관리비용 절감효과는 60, 80, 70점입니다" 처럼 각 기준에 따른 점수를 밝히면 고객사는 자신이 어떤 선택을 하는지가 자신의 가치기준을 드러낸다는 점을 의식할 것이다.

07

부정적 정보는
자진 공개하면 달라진다

일상의 대화에서 친밀도를 높이는 단계 중 하나로 '자기개방' 단
계가 있다. 자신의 약점이나 과거 실패담, 현재 안고 있는 고민 등
을 털어놓으면 친밀도가 높아진다. 자기개방은 자기가 먼저 하
지 않으면 대부분 시작되지 않는다. 프레젠테이션이나 영업을
하는 자리라면 더욱 그렇다.

자신이 팔고자 하는 상품의 좋은 점만 전달하는 경우와 안 좋
은 점도 제대로 전달하는 경우 상대의 반응은 완전히 달라진다.

마트에 가보거나 온라인 쇼핑을 하다 보면 "스크래치 상품 세
일"이라는 문구를 볼 수 있다. 상품의 하자에 대한 정보를 솔직하
게 제시하고 가격 할인의 이유를 명쾌하게 제시함으로써 고객의

신뢰와 구매욕을 동시에 불러일으키는 기획이다.

내가 아는 한 슈퍼마켓 중에는 자신의 가게 매출에 불리한 정보도 솔직하게 공유하는 가게가 있다. 예를 들어 "다음 주 월요일에 판매가격이 조금 낮아질 예정입니다. 급하지 않으면 구입을 잠시 미뤄 주세요"라는 메모지를 일부 상품에 꽂아두는 것이다. 이 마켓의 고객들은 가게가 자신의 비밀을 공유해준다는 느낌을 받아 마켓에 신뢰감뿐만 아니라 고마움과 친근감도 가지고 있다.

일부 매출을 놓칠 수도 있다. 하지만 고객의 견고한 신뢰를 확보하는 데는 반드시 성공하는 전략이다.

큰 이득을 취하기 위해 당장은 일부 손해를 감수하는 것이다. 사람들은 정직한 사람이 손해보게 할 순 없다는 생각을 가지고 있다. 그러니 슈퍼마켓의 고객만족도가 항상 높고, 매출도 항상 높은 건 당연한 일이다.

친한 친구에게 들을 법한 정보를
먼저 말해주자

영업을 할 때 상품의 약점을 확실히 전달하면 신뢰도가 높아지고 계약이 성사될 확률 또한 높아진다는 데이터가 있다. 이러한 경향은 상대방이 신중할수록, 또 학력이 높을수록 강해진다고 한다. 앞으로 풀어나가야 할 과제나 불리한 요소를 굳이 먼저 전달하면 듣는 이는 정보 전체에 균형이 잡혀 있다고 느끼며, 꾸밈 없이 현실적이라 느끼고, 시장에 대한 자신의 이해도가 한층 높아졌다고 느끼기 때문이다.

전달하는 내용은 특별하지 않아도 괜찮다. 자기 가족이나 친구에게라면 당연히 이야기할 법한 내용을 꺼내 놓으면 된다. 예를 들어 역 앞 도시락 판매점에서 무슨 도시락을 살지 고민하는 손님에게 점원이 한마디를 툭 건넨다.

"이쪽 상품은 요즘 맛이 없어서 권해드리고 싶지 않네요."

친한 친구에게라면 낭연히 해줄 법한 이야기다. 사실 음식이 맛이 있느냐 없느냐, 그 상품을 구매하려고 했던 이유가 무엇이냐 등은 사람에 따라 다르기 때문에 상대방이 꼭 그 정보에 따라 선택을 하리라는 법은 없다.

하지만 고객 입장에서 이런 말을 들으면 왠지 자신에게만 특별한 사실을 알려준 듯한 느낌을 받는다. 상품의 결점도 제대로 가르쳐주는 점원이라면 믿을 수 있다고 생각하며 '다음에도 그 가게에서 사야지'라고 생각하게 된다.

하자는 자진 공개하는 게
이익이라는 점을 잊지 말자

회사가 불미스러운 사건에 연관된 경우도 마찬가지다. 스스로 정보를 공개하는 게 좋다. 은폐해두었던 불리한 진실들이 하나둘 드러나기 시작하면 그 기업의 이미지는 최악으로 치닫는다. 하지만 처음에 모든 사실을 드러내 밝히고 엄중한 처벌과 자정 노력을 진행해나가면 사람들은 '그렇게까지는 안 해도 괜찮은데' 하고 생각하게 된다.

과자나 라면 등의 식품에서 이물질이 발견되어 화제가 되는 경우가 종종 있다. 이때 기업이 어떻게 대응하느냐에 따라 기존 구매자들의 반응은 크게 달라진다. 단순 교육으로만 해결하느냐, 아니면 아주 적극적으로 대응해서 일단 생산과 판매를 일제히 중단하고 재발 방지를 위해 패키지 형태나 포장 프로세스를 바꾸거나 감시 카메라를 도입하는 등 철저한 대책을 마련하느냐에 따라 상품의 반품량과 향후 매출은 크게 다를 것이다. 적극적으로 대처하고 진행사항도 구체적으로 공고한다면 오히려 제품이 긍정적으로 알려지는 전화위복의 효과도 기대해 볼 수 있을 것이다.

이렇게 불리한 정보를 굳이 털어놓는 방법을 프레젠테이션의 질의응답 장면에 적용해 보자. 프레젠테이션 자리에서 상대방으로부터 나올 수 있는 질문은 사실 제한되어 있다. 도저히 예상할 수 없는 특별한 질문이 나올 가능성은 아주 낮다. 프레젠테이션을 받는 업체라면 대부분의 경우 그들은 전문가가 아닌 데다가 해당 사안에 대해 이것저것 깊이 있게 검토하기엔 시간이 부족할 것이기 때문이다.

따라서 예상 질문과 답변을 생각해두는 일은 그리 어렵지 않다. 당신은 어떤 답변을 해서 질문자가 어떤 생각을 하게 할 것인지까지 생각해두어야 한다. 만약에 예상했던 질문이 나오지 않는다면 그 자리에 함께있는 당신의 상사나 동료에게 질문하게 하고 당신이 대답하는 일종의 촌극을 펼치는 방법도 나쁘지 않다는 점을 기억하자.

당신이 판매해야 하는 제품에 도저히 무시할 수 없는 하자가 있다면 더더욱 자진해서 표면화시키자. 프레젠테이션 자리에서 "사실 이 부분에서만 장애가 발생합니다"라고 직접 인정해버리는 것이다. 제품이 도입되면 그 제품의 치명적인 장애는 결국 언젠가는 드러나고 만다. 그때 진심을 다해 사과한다고 하더라도 이미 늦었다. 불성실하고 대책 없다는 오명은 시간이 지나도 쉽게 벗을 수 있는 게 아니다. 하지만 일찌감치 하자를 밝혀 버리면 신뢰가 뒤따른다. 또 이를 해결할 방법에 대한 논의를 처음부터 시작할 수 있다. 생각지 못했던 누군가가 그 해결책이나 지혜를 나눠주는 일이 일어날 수도 있다.

08

중요 인물에게
내 말이 전달되게 하는 지름길

최근 벤처 기업들을 보면 아주 젊은 말단 담당자에게도 결정권이 있는 경우가 있다. 하지만 당신의 눈앞에 있는 담당자가 매개자에 불과한 경우가 아직은 많다.

다시 말해 일반적으로는 오리엔테이션부터 프레젠테이션에 이르는 전체 흐름 속에서 결정권자 즉 중요 인물이 당신의 눈앞에 나타나지 않는다. 이 경우 아무리 당신이 이런저런 말로 프레젠테이션을 해도 그중 20퍼센트 정도만 중요 인물에게 전달된다고 보아야 한다.

그러니 이는 말 전달 게임 같은 간접적 커뮤니케이션이다. 간접적 커뮤니케이션에서 당신의 제안을 살아남게 만들어주는 건 무엇일까? 역시나, 짧고 인상적인 문구다.

중요 인물은 바쁘다. 길고 긴 텍스트로 꽉 들어찬 자료 전체를 정독할 수 없다. 눈에 걸리는 일부만 읽고 지나갈 것이다. 그러니 당신에게는 기획 콘셉트나 주제, 의의를 단 한 줄로 표현한 그 문구가 아주 중요하다. 인상적인 문구가 그야말로 제 발로 걸어가 중요 인물의 머릿속으로 들어가게 해야 한다.

편안한 장소에서
중요 인물의 진심을 이끌어내자

중요 인물이 눈앞에 나타나 프레젠테이션 자리에 앉아 있는 경우도 있다. 그런데 중요 인물이 누구인지가 명확하더라도 공적인 자리에서는 기본적으로 표면적인 응답만이 오고가기 마련이다.

그러니 긴장을 좀 내려놓을 수 있는 장소에서 이야기 나눌 기회를 만들자. 그런 장소에서는 솔직한 감상평이나 조언을 드러내기가 보다 쉽기 때문이다. 중요 인물이 화장실에 가거나 자판기에 캔 커피를 사러 간다면 따라나서자. 가벼운 이야기를 나눈 뒤, 사안에 대한 의견을 이끌어내 보도록 하자.

"모든 안에 장단점이 있어서 저는 머리가 정말 아프더라고요. 부장님은 어느 안이 괜찮아 보이시나요?"

현재 감춰져 있는 그의 당면 과제가 무엇인지, 어떤 점이 곤란한지에 대한 정보를 얻으면 그 이후에는 상대방이 원하는 바를 제대로 맞춰서 제안하고, 문제를 해결하고, 설득하기가 대단히 쉬워진다.

또한 결정권자의 의향이 어디를 향하는지 파악하면 시장적인 모범답안을 넘어 현실적인 고유답안을 모색할 수 있다.

엘리베이터 피치라는 용어가 있다. 엘리베이터에서 중요한 사람을 만났다고 가정하고 자신의 생각을 60초 이내에 간략하게 전달해 설득하는 짧은 연설을 가리키는 말이다. 이 또한 기본적인 관점이 동일하다. 무방비 상태의 중요 인물을 붙잡아 맨투맨으로 설득할 수 있어야 한다는 것이다.

예전에는 대기업 대상 영업 방법으로 '사전 프레젠테이션'이라는 것이 있었다. 공식 프레젠테이션 전에 자료를 완성하여 중요 인물에게 먼저 프레젠테이션을 한다. 중요 인물의 사전승낙을 받은 이후에 진짜 프레젠테이션을 진행한다. 이미 물밑 작업이 끝난 상태다 보니 아무런 장애물 없이 채택이 결정된다.

젊었을 때는 이런 대기업 대상 사전 프레젠테이션 기술이 한심하게 느껴졌다. 하지만 그쪽 사정을 아는 성인이 되고 나니 마냥 그런 말을 하고 있을 수만은 없게 되었다. 어떻게든 프레젠테이션을 성공시키고 싶은데, 중요 인물의 사전승인은 확실한 효과를 보증하는 전술 중 하나이니 말이다.

사전 프레젠테이션까지는 아니더라도 프레젠테이션 이전에 직간접적인 방법으로 중요 인물에게 질문하여 그의 의사를 파악하는 방법도 있다. 중요 인물의 의향을 확인해두는 일은 기획을 생각하는 데도 참고가 되고 조사라는 명목의 하위 작업도 된다.

중요 인물이 속해 있는 문화를 파악하자

중요 인물 개인의 의사 외에도 그가 익숙하게 여기는 문화를 염두에 두자. 지금의 10대 청소년은 손글씨보다 스마트폰이나 PC로 소식을 전하고 대화를 나누는 데 익숙하다. 하지만 30대 이상 성인들은 손으로 편지를 써서 소식을 전하고 일기를 쓰고 하는 문화에도 익숙하다. 이 문화에 대한 향수도 있고 때로 이 문화를 회복하고자 하는 바람도 가지고 있다. '노트', '편지', '일기', '손글씨'라는 키워드가 남기는 인상과 그 인상의 힘이 세대에 따라 다르다는 말이다.

그러니 중요 인물이 어떤 세대에 속해 있고, 어떤 지역의 어떤 문화 속에서 살아 왔는지를 파악하고 프레젠테이션의 키워드와 타이틀을 뽑는 게 좋다. 그것이 간접 커뮤니케이션에서 당신의 말의 생존 여부를 좌우할 수 있으니 말이다.

브레인스토밍을
성공시키는 법

브레인스토밍은 광고회사에서는 극히 일상적인 일이다. 성공적인 브레인스토밍을 위한 네 가지 기본원칙이 있다.

브레인스토밍의 기본원칙 4

① 다른 사람의 의견을 부정하지 않는다

황당한 아이디어, 실현 불가능한 기획이라도 상대의 말이 떨어지게 무섭게 부정하면 안 된다.

② 자유롭게 상상한다

평범한 아이디어는 말하지 않는다. 이제까지 없던 기발한 아이디어가 나오도록 무한히 자유롭게 상상한다.

③ 질보다 양을 중시한다

브레인스토밍은 "양이 질을 낳는다"라는 생각을 바탕에 두고 있는 기법이다. 어떤 아이디어라도 전혀 문제가 되지 않으니 일단 말하자.

④ 아이디어는 발전시킨다

누군가가 아이디어를 내면 그걸 힌트로 여기고 살을 붙여 개선하고 발전시킬 방법을 모색한다.

브레인스토밍이 어려운 이유는 '이 자리에서 갑자기 아이디어를 내놓으라고 하면 생각이 나지 않는다', '이런 아이디어를 내놓았다가 바보 취급당하는 것 아니냐' 하는 생각 때문이다. 이 생각을 벗어던질 수 있도록 해주는 네 가지 비법을 소개한다. 이는 내가 기업들에 출강하며 브레인스토밍을 지도할 때 쓰는 방법이기도 하다.

브레인스토밍 업그레이드 노하우 4

① 인용 브레인스토밍을 한다

이 방법은 '아이디어가 생각나지 않는다', '바보 같은 의견은 내놓고 싶지 않다'와 같은 부정적인 생각을 없애는 방법이다. 브레인스토밍 주제와 관련이 있을 듯한 잡지 두세 권을 들고 와 페이지를 휙휙 넘겨가며 표제어나 타이틀을 살펴본다. '이 키워드 괜찮지 않나?' 싶은 생각이 들면 "~라고 여기 적혀 있네요"라고 짧게 발언하기만 하면 된다.

이 말을 들은 다른 사람은 "요즘 인기죠", "~으로 바꾸면 괜찮을 것 같기도 한데요!" 같은 말을 덧붙여 이야기를 확장시켜나갈 것이다. 그러면 논의는 앞으로 나아가게 된다. 아이디어의 출처는 내가 아니다. 내가 때마침 들고 온 잡지다. 아이디어가 시시하거나 요점을 벗어난 것이라 해도 크게 내 탓이 되진 않을 테니 마음에 부담을 가질 필요가 없다.

② 소리 내지 않고 발언한다

회의석상에서 발언하는 일이 어색하고 서툴게 느껴지는 구성원들이 있을 수 있다. 게다가 브레인스토밍이라면 연차가 높은 직원들도 그렇게 느낄 수 있다. 이런 경우라면 포스트잇이나 카드 등의 종이에 문구를 적게 한 뒤 전체 구성원들이 적은 카드를 하나의 상자에 모으고 이 카드들을 꺼내 읽으며 화이트보드에 분류해 붙이자.

이렇게 나온 의견은 누가 낸 의견인지 알 수 없으니 누구도 거리끼거나 주

저할 이유가 없다. 어떤 경우보다 다양한 아이디어가 많이 모일 수 있다.

③ 다양한 장소에서 진행한다

회의 장소를 사원식당이나 근처 카페, 대여한 회의실로 바꾸어 보자. 창
의적인 발상이 화장실에서나 침실에서 나온다는 이야기가 있지 않은가.
일단 경치가 바뀌면 직원들의 머릿속에서 평소와 다른 생각들이 이어질
수 있다. 나아가 브레인스토밍을 하기 전에 주변의 슈퍼마켓이나 쇼핑몰
과 같은 유통현장을 둘러보는 것도 좋은 자극이 된다. 매장 측의 필요에
대한 이야기를 듣고나면 좀 더 열정적으로 아이디어를 고민할 수 있다.

④ 과제를 내준다

내게 기획 일을 가르쳐주셨던 분이 입버릇처럼 하던 말이 있다. "기획은 고
독한 작업이다." 혼자서 생각해야 완성도 높은 아이디어가 나온다는 말이
다. 이 말도 분명 일리가 있다.

참여자들에게 브레인스토밍 주제를 미리 주지시키고 각자가 생각해
낸 아이디어를 들고 와 발표회처럼 브레인스토밍 시간을 보내는 것도
좋은 방법이다. 이미 모두가 한 번쯤 깊게 생각을 해 보았으니 다른 사
람의 발표를 들은 뒤 바로 그 자리에서 아이디어를 개선시키고 발전시
킬 수 있는 방법을 내놓는 분위기가 형성될 것이다.

사실 이건 내가 가장 좋아하는 방법이다. 많은 아이디어가 나오는 데
다가 아이디어들을 다시 한번 자유롭게 증폭시킬 수 있기 때문이다.

6장

청중의 머릿속에
딱 한마디만
던져라

청중이 특정한 행동을 하게 만드는
강연의 고급 기술

강연이나 세미나의 최종 목표란 무엇일까? 청중들이 강사가 공유한 노하우를 실천하게 하는 것이다. 아무리 뛰어난 노하우도 청중의 기억에 남지 않으면 행동화될 수 없다. 그러니 당신이 강연자라면 전달하고자 하는 노하우를 반드시 짧고 강한 문구로 표현해야 한다. 문구가 짧고 강할수록 청중의 기억에 남아 행동으로 이어질 가능성을 크게 높이기 때문이다.

강연이나 세미나에서는 두 시간 정도에 이르는 장시간 말하기가 진행된다. 이런 자리에서도 말의 도입부가 중요하다. 그리고 "결론을 먼저 말한다"라는 원칙이 여기에서도 통용된다. 시작하자마자 최종 목표나 목적 등을 밝히고 전달하고 싶은 문구를 선언하는 일이 중요하다는 말이다. 그러면 청중은 어디에 주목해서 들어야 하고 무엇을 듣기 목표로 삼아야 할지를 명확하게 설정할 수 있다. 도입부에 깜짝 놀랄 만한 데이터나 사례로 충격을 선사하고 수수께끼를 푸는 데 동참시키는 기술도 있다. 어쨌든 그날 강연자로서 성공할 수 있느냐 없느냐는 도입부의 짧은 문구로 대부분 결정된다고 해도 과언이 아니다.

나아가 전달한 내용을 청중의 기억에 정착시키려면 강연의 마지막 부분에 내용을 돌아보고 정리하는 시간을 마련해두면 효과적이다. 물론 이

때에도 짧은 문구를 활용하는 게 좋다.

말을 할 때에는 논리적으로 전달해야 한다는 원칙에 익숙할 것이다. 하지만 강연에서 복잡한 내용을 전달할 때 하나하나 모든 것의 논리를 말로 밝혀 전달하는 건 어려운 일이다. 기껏해야 "A이므로 B입니다", "결론은 B입니다. 이유는 A와 C입니다" 정도로 말하는 데 그칠 것이다. 강연에서 청중으로 하여금 '이해–정착–행동'의 모든 단계를 밟아나가게 만들기 위해서는 노력을 들여야 한다는 사실을 기억하자. 그리고 한 가지 더 기억하자. 당신의 말이 청중의 행동으로 이어지게 하려면 모든 게 단순해야 한다.

"나는 강사는 아니니까"라고 말하며 이 책을 덮으려는 분들이 있을 것이다. 하지만 한번 생각해 보자. 당신이 모임이나 파티, 사람들과 교류하는 자리에서 자기소개를 나눴는데 갑자기 당신의 분야에 대한 어떤 설명이나 통찰이 듣고 싶다고 누군가가 당신에게 요청했다고 하자. 갑작스런 이런 자리에서 괜찮은 말하기를 선보인다면 당신은 청중들에게 아주 멋진 인상을 심어줄 것이다. 회의에서 질문에 답해야 하는 경우에도, 갑자기 영업을 해야 하는 경우에도 때에 따라서는 강연하듯 말해야 하는 경우가 분명 있다.

무엇보다도 SNS에서의 말하기와 강연자의 말하기는 다르지 않다. 지식, 상식, 교양에 관한 콘텐츠, 상대방을 설득하고 감화시키고자 하는 동영상을 찍어 유튜브에 올리는 건 미니 강연을 하는 것과 같다. 이때 당신의 언어는 어때야 할 것인가? '원 프레이즈'를 제대로 익혀서 특유의 분명한 파급력을 당신의 콘텐츠에 확실히 장착시키도록 하자.

01

청중의 기억을
장악하는 숫자 3

강연 콘텐츠에서는 짧고 강한 문구가 엄청난 결정타로 작용한다. 한 번에 전달하는 메시지의 숫자는 최소한으로 줄여야 한다. 인기 있는 강연을 들어 보면 "이것만은 꼭 기억하고 돌아가시길 바랍니다" 하는 노하우는 기껏해야 세 가지 정도인 경우가 많다. 숙련된 강연자는 너무 많은 내용을 전달하려다 보면 청중들이 소화불량을 일으켜 결국 아무 것도 전달되지 않는다는 사실을 경험을 통해 잘 알고 있다.

강연자 자리에 서 보면 복잡한 이야기가 나올 때 내용을 따라오지 못하는 사람들이 늘어나고 있다는 게 감각적으로 느껴진다. 마치 썰물이 빠져나가가듯 앉아 있는 청중들의 마음이 떠나가

청중의 수와 정보량은 반비례해야 한다

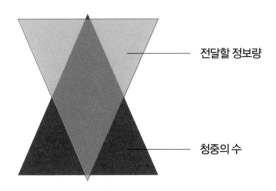

전달할 정보량

청중의 수

는 게 느껴지고 전체적인 집중도가 눈에 띄게 낮아진다는 점을 체감할 수 있다.

소수의 전문가들만 참여하는 학회나 심포지엄이라면 정보량이 많아도 상관없다. 하지만 다양한 속성을 지닌, 다수의 청중이 모이는 자리일수록 전달하려는 정보의 양은 줄여야 한다는 말이다.

일반인 전체를 대상으로 한다면 전달하려는 메시지가 세 개 정도여야 적당하고, 이 메시지들이 짧은 핵심문구로 집약되어 있어야 한다. 여기에 근거, 배경, 사례 등의 살을 붙여 전체 내용을 채운다고 생각하면 된다.

'ALL A'를
목표로 하자

유명인이나 극적인 경험을 한 사람이 강연을 하는 경우라면, 그런 자리는 그의 경험이나 마음가짐, 인생관을 나누는 자리일 가능성이 높다. 청중에게 특별한 노하우나 정보를 전달하는 자리가 아닐 것이다.

하지만 비즈니스나 경제 관련 강연 같은 정보성 강연이라면 청중들이 바로 이튿날부터 실천했을 때 눈에 보이는 성과향상을 경험하게 될 특별한 노하우를 제대로 전달하는 게 목적인 경우가 많다. 다시 말해 이런 강연을 만드는 강사의 궁극적 목표는, 그리고 주최 측의 목표는 청중의 수를 확보하는 것이라든가 청중들이 열심히 강연을 듣게 만드는 게 아니라, 그들이 행동하도록 만드는 것이다.

따라서, 강연을 할 때 매 강연마다 목표로 삼아야 하는 것은 바로 "ALL A"다. 이는 청중이 점수를 매길 때 최고점을 받아야 한다는 말이 아니다. "ALL A"란 성공적인 강연의 네 가지 키워드다.

청중을 움직이는 이상적인 강연은 이런 모습이어야 한다. 청중이 그때까지 몰랐던 사실을 깨닫고(Awareness, 깨달음), 깨달음을 내면화해서 학습에 이르게 되는데(Learn, 학습), 웃음과 재

Aware(깨달음)
Learn(배움)
Laugh(웃음)
Action(행동)

미가 있는 즐거운 분위기 속에서(Laugh, 웃음), 학습한 것을 직접
실천해 보겠다는 의지를 가지게 되는(Action, 행동) 그런 강연을
매번 만들어내기 위해 노력해야 한다. 이런 강연이 누적되면 당
신을 다시 찾으려는 사람들의 숫자는 점점 더 빠르게 늘어날 것
이다.

참가자의 기억에는
사례만 남는다

강연 종료 후 청중들과 이야기를 나누어 보면 핵심 문구와 사례
만큼은 그들의 기억 속에 분명히 남았다는 사실을 알 수 있다.

청중의 기억에 사례는 남는다. 이는 내가 강연자로 커리어를
쌓아가는 사람들에게 해주는 말이기도 하다. 강연자를 직업으로
삼으려는 사람이라면 그는 분명히 이야깃거리는 가지고 있다.
하지만 이를 이해시키고 기억에 정착시켜줄 수 있는 사례는 아
직 발굴하지 못한 사람들이 많다.

세미나 기법 중 PREP이라는 유명
한 방법이 있다. 이 기법은 일단 주장
과 결론을, 즉 포인트(Point)를 이야기
하고 그 다음에는 이유(Reason)와 사
례(Example)를 넛붙인나. 그리고 다시

> Point(포인트)
> Reason(이유)
> Example(사례)
> Point(포인트)

한번 포인트(Point)를 반복하여서 기억에 정착시키는 화법이다. 구체적인 사례를 들수록 청중은 내용을 깊이 있게 이해하고 강연자의 주장을 신뢰하게 된다.

사례는 한 편의 이야기다. 따라서 청중의 흥미를 이끌어내기 쉬운 정보형식이다. 그러니 PREP은 청중의 좌뇌로 입력된 정보(노하우)를 우뇌에서 재미있고 인상적인 이미지로 보강하는 방식이라 할 수 있다.

인상적인 이미지를 남기기 위해 한 가지 더 챙겨야 하는 게 있다. 모든 강연에는 제목이 있다. 자료집의 각 페이지에도 소제목이 타이틀로 붙어 있을 것이다. 이 모든 문구를 캐치프레이즈처럼 짧고 강한 문구들로 다듬기 바란다.

자료집의 본문도 마찬가지다. 자료집에 있는 문장과 문단은 읽는 대상이 아니라 보는 대상이라고 생각하자. 곳곳에 있는 소제목 타이틀을 입력할 때는 문장 단위가 아니라 문구 단위로 엔터를 쳐 넘기되 세 줄을 넘지 않도록 배치하도록 하자.

마지막으로 강연의 마지막 부분에서는 전체 강연 내용을 되짚어보고 강조했던 세 가지 핵심문구를 다시금 언급하자. 그리고 정확하게 "바로 이 세 가지부터 시작해 보도록 하죠. 바로 오늘 저녁부터 말이에요." 하면 이 한마디만으로도 강연 내용을 행동으로 옮겨 보겠다는 의지를 품는 청중의 비율이 크게 늘어날 것이다.

02

첫 문장의 요령은
따로 있다

스티브 잡스가 2005년 스탠포드 대학교 졸업식에서 했던 연설은 지금도 많은 사람들에게 회자되고 있는 명연설로 꼽힌다. 그는 간단한 인삿말을 한 뒤 첫마디를 다음과 같은 말로 시작했다.

"저는 대학을 졸업하지 못했습니다. 솔직히 말하자면 대학 졸업식을 이렇게 가까이서 보는 게 처음입니다."

대학 교육을 마치는 날을 기념하기 위해 앉아 있는 사람들 앞에 서서 자신은 대학을 졸업하지 않았지만 성공한 사람임을 드러냈다. 대학교육이 쓸모없다는 이야기를 꺼내서 사람들을 당황하게 만드는 건 아닌지 긴장감이 들어 귀를 기울이지 않을 수 없는 첫마디였다. 그는 뒤이어 그가 자퇴했던 대학 안에서 그가 했던 경험들이 당시엔 자신의 인생에 어떤 의미가 있는지 알지 못했지만 시간이 지나면 결국 모든 경험이 유의미한 점처럼 서로를 연결하더라는 이야기를 이어나갔다. 다소 반전과 같은 이야기 전개에 청중은 안도감과 재미를 느꼈을 것이고 초반에 자신을 긴장시킨 이 연설을 오래 기억할 것이다.

아무리 긴 시간 진행되는 강연이라도 첫마디는 한 줄짜리 문구로 시작한다. 첫 마디에는 두 가지 역할이 있다. 하나는 청중을 끌어당겨 이야기를 듣고 싶게 만들어주는 역할이다. 두 번째는 강연자가 중심내용에서의 이탈하지 않고 이야기를 순조롭게 풀어나가게 도와주는 역할이다.

당신이 만약 전문 강연자라면 모든 강연에서 첫마디로 이용할 수 있는 인상적인 문구를 만들어두어도 좋다. 당신의 시그니처 문구를 만드는 것이다. 이 문구는 당신에 대한 이미지를 만들어줄 것이고 무엇보다도 당신이 강연을 시작할 때 스스로를 안정적으로 끌고 나갈 수 있는 에너지를 만들어줄 것이다. 어디서든 '마이 페이스'로 말을 시작하게 해주는 기준점이나 편집점처럼 인식할 어떤 문구가 정해져 있으면 강연자에게 좋다. 당신의 강연을 자주 듣는 청중들에게도 좋다.

아무 상관없는 말도
괜찮은 첫 문장이다

상황과 어울리지 않는 첫마디를 던지는 것도 좋은 방법이다. 예를 들어 정치인이 연설을 시작한다고 생각해 보자. 그의 첫마디는 "국민 여러분, 안녕하십니까? ○○당의 아무개입니다. 요즘 우리 국민들은 참 살기 힘듭니다"가 되는 게 자연스럽다. 하지만 그가 이렇게 첫마디를 시작한다고 생각해 보자. 의아하다는 생각이 들어 귀를 기울이지 않을 수 없을 것이다. "서울에서는 하늘이 보이지 않습니다." 마치 소설의 첫 문장으로나 등장할 것 같은 감성적인 외침을 들은 청중은 그가 왜 이렇게 감상적인 건지 측은한 마음이 들고, 이번엔 뭔가 그간 하지 않았던 진실한 속 이야기를 하려는 것인지도 모르겠다는 기대감과 호기심이 들어 일단 한동안은 그의 이야기를 들어 보고자 할 것이다.

위화감을 야기하는 문장은 발길을 멈추게 한다. 그런 말에는 청중을 끌어당기는 힘이 있다. 나 또한 위화감을 노린 첫마디로 강연을 시작한 적이 있다.

"뉴스에서 연일 보도하고 있는 그 범인이 경찰서에서 도망쳐 이 근처까지 왔었더라고요."

강연하기 며칠 전에 한 절도범이 경찰서에서 도망쳤는데 며칠

동안 도시 곳곳을 돌아다녔다는 뉴스를 보고 온 차였다. 이렇게 강연 도입부에 경찰, 범인처럼 어울리지 않는 단어를 이야기하는 건 청중이 귀 기울여주기를 바라고 하는 행동이다.

첫마디를 질문으로 시작하는 방법도 효과적이다. 질문을 던지면 상대방은 이에 반응하고 그 답을 찾아내려고 한다. 청중이 질문에 대한 답을 강연 중반쯤에 스스로 짐작하거나 확인하면서 만족감과 즐거움을 느끼도록 하는 일종의 장치를 강연 초반에 심어두는 셈이다.

목소리 톤도 중요하다. 많은 사람의 주의를 끌고 청중들이 잘 들어주는 목소리의 높이는 '라' 음정이다. 나는 평소에 대화할 때 '도' 정도의 음정을 유지하지만 강연을 할 때에는 '솔'부터 '시' 사이의 높이로 목소리가 나가도록 유의한다.

타지의
청중 앞에 섰다면

강연을 하러 다니다 보면 전국 곳곳을 방문할 일이 생긴다. 처음 가 보는 곳에서는 확실히 이방인 대접을 받게 된다. 강연 장소에 들어서면 "저 사람 누구야?" 하는 차가운 시선을 받는 경우도 있다. 나를 초대한 담당자조차 나를 어색해하며 내심 불안해하는 것을 느끼곤 한다. 홈구장이 아닌 다른 지역의 구장으로 원정 경기에 나선 운동선수들의 심정을 알 것 같기도 하다.

이런 딱딱한 분위기 속에서 어떻게 말해야 청중들이 나를 받아들여줄까? 이럴 때는 그 지역과 관련된 소재가 최고다. 하지만 일반적인 지역정보 수준으로는 거의 효과를 볼 수 없다. 제주도에 가서 "제주 귤을 모든 국민들이 사랑하시요"라고 말힌들, 건

주에 가서 "전주에서 비빔밥 먹으려고 아침도 가볍게 먹고 왔습니다"라고 말한들 '응, 그래서?'라는 말이 들리는 듯한 표정만 맞닥뜨리게 될 것이다.

지역 사람도 모르는
지역의 장점에 대해 이야기하자

지역 사람들조차 자세히는 모르는 지역의 인물이나 이야기, 특징에 대해 이야기를 꺼내야 비로소 '이 사람 뭘 좀 아네. 최소한 성의는 있군' 하며 보는 눈이 달라진다. 그 지역을 향한 뜨거운 마음을 털어놓았을 때 비로소 '우리 지역을 좋아해주는 사람이네' 하며 인정하는 시선이 돌아온다.

예를 들어 안동에 가서 퇴계 이황 선생의 학문적 업적에 대해 이야기하거나 고려 공민왕이 홍건적의 난을 피해 이 고장에 머물렀다는 점을 칭송한들 이런 잘 알려진 이야기에 청중의 마음은 그다지 움직이지 않을 것이다. 그렇다면 현대의 구체적인 이슈는 어떨까? 안동댐이 들어서기 전 가장 상권이 발달되어 있었던 예끼마을을 안동에서 되살렸는데 그 마을에서는 그곳에서 창작된 그림, 시, 음악, 사진 등의 모든 문화콘텐츠의 저작권을 창작자, 마을, 기업이 일정 부분 소유하고 콘텐츠를 모두 함께 힘 모아 유통해서 수익을 창출해내고 있다고 한다. 국내 최초의 '저작권

있는 마을'이 안동에 있다는 점에 대해 이야기하며 안동이 저작
권에 대한 선진적 인식을 가지고 파격적인 시도를 해나가는 특
별한 공동체임을 칭찬해 보도록 하자.

안동을 유서 깊은 도시로 볼 뿐만 아니라 멋지고 선진적인 도
시로 인식하고 있음을 강연자가 드러낸다면 안동 지방의 청중들
과 꽤 긍정적인 의사소통을 나눌 수 있는 좋은 분위기가 형성될
것이다.

평소에
다양한 정보를 모으자

지역 청중의 마음잡기에 성공한다면 강연 종료 후 설문조사에서
틀림없이 만족도가 높은 수준으로 나타날 것이다. 그 지역에 관
심을 가지지 않는 강사에 비해서, 그 지역에 관심을 가지고 있는
강사의 이야기는 청중의 마음에 큰 울림을 선사한다는 말이다.
청중들이 들을 자세를 갖춰준다. 그러면 강연이 살아난다. 강연
도입부에 노력을 들이기 시작하면서부터 나는 강연자로 한 단계
분명히 성장했다.

다시 똑같은 청중들은 만나지 못할 텐데 그 자리에 걸음해준
청중들이 귀를 기울이게 만들어주는 게 강연자로서의 보람이기
도 하다. 청중들이 귀 기울이게 만들려면 강연자는 진실된 호기

심을 가지고 정보를 착실하게 수집해야 한다. 청중은 준비를 게을리 하지 않은 강연자에게는 상냥한 법이다. 방송사의 지역 탐방 프로그램이나 역사 프로그램, 역사 소설이나 드라마 등을 보며 평소에 정보를 어느 정도 축적해두면 유익할 것이다.

04

당신의 이력
3가지를 자랑한다

본디 강연이란 '누구에게 듣느냐'보다 '무엇을 듣느냐'가 중요하다. 하지만 '누구에게 듣느냐'를 중시하는 사람도 적지 않다. 체험담을 나누는 강연이라거나 어떤 분야의 통찰을 공유하는 강연이라면 그런 경향이 더욱 두드러질 수밖에 없다.

그렇기 때문에 강연자가 유의해야 하는 점이 한 가지 있다. 겸손하고 겸허한 태도도 좋지만 "저 같은 사람이 하는 이야기가 도움이 될지는 모르겠지만…" 하며 자신을 너무 낮추는 태도를 보이는 건 좋지 않다.

이 말을 들은 청중 중에는 '이런 시시한 사람의 이야기를 듣는다고 무슨 도움이 될까? 시간만 낭비하는 건 아닐까?'라고 생각

하는 사람이 생긴다. 이런 발언은 당신을 강연자로 선택한 주최
사나 담당자의 얼굴에 먹칠을 하는 셈이기도 하다.

강연 요청을 받아들인 이상 자신이 강연자로서 어떤 자격을
가지고 있는지를 드러내어 알리는 게 좋다. 당신의 이야기를 들
어두면 반드시 도움이 된다는 사실을 확실하게 말하자.

그래서 나는 강연을 시작할 때 청중들에게 분명하게 자기소개
를 한다. 청중이 들을 자세를 갖추도록 하는 데 효과를 보았기 때
문이다.

청중이 들을 자세를 갖추면 당신의 메시지는 제대로 전달된
다. 메시지가 제대로 전달되면 그 메시지를 전달받은 청중은 특
정한 행동을 개시한다. 청중의 행동이 있으면 그에 따른 결과가
이어진다. 그러므로 강연자가 긍정적으로 자기소개를 하는 것은
청중을 위한 일이기도 하다.

사회자가 강연자의 경력을 간단히 소개해주는 경우도 많다. 제
3자의 입을 빌리면 청중의 귀에는 그 내용이 보다 객관적인 이야
기로 들린다. 따라서 사회자에게 전달될 자신의 프로필을 제대
로 그리고 충분히 작성해 건네주는 게 좋다.

또한 그날의 주제나 청중 분포에 따라 강조해야 할 내용이 달
라지므로 자기소개는 꼭 강연의 도입부에 배치해야 한다.

강연의 주제와 관련 있는 경력이나 실적을 제시하면 좋다. 그
실적을 숫자로 제시할 수 있거나 다른 이가 평가한 내용을 가져

와 언급할 수 있으면 더 좋다. 이는 프로필을 작성할 때도 마찬가지다.

"연간 70회, 일본에서 가장 많이 캐치프레이즈 세미나를 개최하고 있는 사람입니다."

강연자가 탁월해야 청중이 이득이다

그렇다고는 해도 자신의 실적을 너무 강조하여 으스대면 참가자들이 귀를 닫는다. 남의 자랑을 듣고 싶어 하는 사람은 없다.

강연자가 자신의 본업은 강연 내용과 다른 분야에 있다는 이야기를 한다든가 그날 주제와 직결되어 있는 과거의 실패담을 이야기하는 것도 그다지 좋지 않다. 과도한 자기비하와 마찬가지로 '이 강연자, 괜찮은 거야?' 하는 의구심이 청중의 마음속에 솟아나기 때문이다.

예를 들어 커뮤니케이션 분야의 강연자가 "글쎄 오늘 아침에도 카페에서 오해를 살 만한 말이 튀어나올 뻔해서 난처했답니다!"라고 이야기한다면 청중들은 어이없어할 것이다.

그렇다면 대체 어떻게 해야 실수하지 않을 수 있을 것인가? 내가 실천 중인 방법을 소개하고자 한다.

나는 그날 주제와 청중의 특징에 적합한 실적 두세 가지를 이
야기하되 최대한 구체적으로 이야기하기 위해 노력한다. 캐치프
레이즈 세미나에서는 앞에서도 예를 든 것처럼 세미나 횟수를
언급하고 집필한 캐치프레이즈 관련 책이 얼마나 잘 팔리고 있
는지를 담담하게 전달한다. 그리고 다음과 같은 문장으로 마무
리한다.

"이건 제 자랑이 아닙니다. 오늘 여러분과 제가 공유해나갈 가
치에 관한 이야기입니다."

이렇게 이야기하면 청중 중에 조그맣게나마 고개를 끄덕여 주
시는 분도 있다. 이런 자기소개 문장 몇 개를 통해 강연자는 청중
들에게 강연자가 쌓아 온 전문적 이력이 고스란히 청중 본인들
의 이익으로 전환될 것이라는 사실을 이해시킬 수 있다.

05

청중이 웃지 않아도
당신의 농담이 성공한 이유

강연의 분위기를 그때그때 전환하고 청중들의 집중도를 유지시키기 위해서는 중간에 농담을 적절히 섞어야 한다. 이는 생각보다 아주 중요한 원칙이다.

농담을 던져도 분위기가 냉담할까 걱정되나? 그럴 필요 없다. 재미있는 농담이 아니어도 괜찮다. 못 웃겨도 괜찮다. 말장난 정도면 충분하다. 강연 공간에 웃음소리는커녕 미소 띤 얼굴조차 나타나지 않아도 괜찮다. 분명 청중들은 '농담을 하네', '노력하는군', '어쩌면 재미있는 사람일 수도 있겠네'라고 생각하며 마음속으로 반응하고 있을 테니 말이다.

강연에서는 옳은 이야기만 해야 한다. 하시만 따분하면 안 된다. 따분하고 옳은 이야기는 청중에게 전혀 먹히지 않는다. 인간으로서의 온기 또한 전해지지 않는다. 듣는 사람은 긴장도 호기심도 잃고 금세 싫증이 나고 만다. 어르신들의 훈화 말씀을 떠올려 보면 이해하기 쉬울 것이다.

당신의 농담이
청중을 웃기지 못하는 이유

재미있는 이야기를 해도 청중들이 웃지 않는 건 이야기가 재미없기 때문이 아니다. 청중들이 긴장하고 있기 때문이다.

강연자인 당신은 단상 위에서 어느 정도 긴장하고 있을 것이다. 하지만 사실 청중도 긴장한다. 강연에 참가하는 일이 익숙하지 않은 사람들이라거나 강연 시작 전에 아슬아슬하게 도착하여 맨 앞줄에 앉을 수밖에 없었던 사람들은 특히 그렇다.

게다가 강연자가 "이건 왜 그렇다고 생각하세요?"처럼 질문 형식으로 말을 던지면 청중의 긴장감은 더욱 높아진다. 모두가 '이제 나를 지목해서 질문하면 어떡하지?' 하는 생각을 가지면 공간 전체가 적막해진다.

바로 이런 이유들 때문에 청중들은 웃고 있을 여유가 없다. 그러니 당신의 농담이 재미없을 것을 군이 걱정할 필요가 없다. 청중들이 웃지 않더라도 너무 당황하지 말라는 말이다.

이야기를 하며 중간중간 별 필요 없는 말을 덧붙여 넣으면 청중의 긴장을 해소시켜줄 수 있다. 예를 들어 "이런 사례가 제 주위에서 일어났다면 참 좋았을 텐데요. 바로 택시 잡아 타고 가서 해결해줬을 거예요"라고 말한다고 생각해 보자.

없어도 될 문구다. 하지만 있으면 분위기가 부드러워지는 짤막한 농담이다. 중심 내용에 이런 너스레를 더해주면 이야기 전체에 활기가 돈다. 청중들의 긴장이 조금씩 풀리고 당신과 당신의 이야기에 대한 집중도도 자연히 높아진다.

당신의 강연에 사람의 온기를 넣는다고 생각하자. 그렇게 하기 위해서 일단 이런 사소하고 따뜻한 농담을 당신의 이야기 곳곳에 넣는 일부터 시작해 보도록 하자.

작정하고 던지는 농담은 그 다음 단계다. 아주 약간 냉소적인 말로 웃음을 주는 것도 좋은 전략이다. 단, 너무 냉소적이어도 안 되고 이런 농담을 너무 자주 던져도 안 된다. 캐치프레이즈 강연에서 스포츠클럽 회원 모집 문구의 예로 "이번 달 말까지만 입회비 무료!"라는 문구를 소개했다면 다음과 같은 농담을 나지막이 덧붙이곤 했다.

"이렇게 말하고는 1년 내내 무료인 곳도 있지만요."

또 희소가치를 어필하는 캐치프레이즈의 예로 "환경의 명품

술, 드디어 풀렸다"라는 문구를 소개한 뒤 다음과 같이 조용히 중 얼거리기도 했다.

"엄청 생산해 놓고 거짓말했다가 혼쭐난 양조장도 있었지요."

위기감을 조장하는 캐치프레이즈의 예로 "영어교육은 세 살까 지로 결정된다!"라는 문구를 언급한 후에는 이렇게 말했다.

"우리 집 아이는 벌써 일곱 살인데요!"

모두 별 의미 없는 농담이다. 없어도 된다. 개그라고 할 수도 없 는 수준이다. 하지만 이 정도도 충분하다. 이야기 중간에 이런 사 소한 말들을 집어넣어서 강연이 끝날 즈음 참가자들에게 '진지 하기만 한 강사는 아니다. 재미있는 강사였다'라는 인식을 심어 줄 수 있다면 대성공이다.

하지만 비즈니스 관련 세미나라면 농담은 더욱 적게 들어가야 한다. 게다가 강연 내용과 전혀 관련 없는 농담이라면 하지 않는 게 낫다. 농담도 주제에서 벗어나는 것이라면 가급적 하지 말자. 실질적인 노하우와 관련 없는 내용을 언급하는 시간이 거의 없 어야 청중이 만족할 것이다.

나는 초반의 딱딱한 분위기를 녹여주는 '아이스 브레이크(Ice

break)'용도의 에피소드를 서너 종류 가지고 있다. 모두 30초에서 1분 정도로 마무리되는 짧은 이야깃거리로, 청중들을 피식 웃게 만들 수 있는 아주 가벼운 실패담이나 자학성 소재가 대부분이다. 이러한 에피소드들도 관리할 필요가 있다. 같은 자리에 두 번 강연을 갔는데 같은 농담을 던진다면 서로 꽤 겸연쩍어지기 때문이다.

06

주목받으며 침묵하고, 여운 남기며 단언하라

다른 사람 앞에서 강연하거나 연설하는 데 익숙하지 않은 사람들이 숨기지 못하는 특징이 있다. 쓸데없는 말을 많이 한다는 점이다.

예를 들어 "음", "저~", "그~", "뭐" 등이 있다. 본인 스스로는 제대로 인지하지 못하기 때문에 녹음본을 들어 보고 나서야 비로소 깨닫는 경우가 많다.

나 또한 강연자로 처음 일하기 시작했을 무렵에 내 강연 음성을 녹음하여 들어 본 적이 있다. "음"이 어찌나 많이 등장하던지 나 스스로도 질리고 말았다.

이러한 말들은 최대한 없애야 한다. 하지만 웬만큼 의식하며 이야기하는 연습을 하지 않는 이상, 그리고 자신의 말을 녹음하여 확인하지 않는 이상 좀처럼 없애기 어렵다.

사실 "음", "그~" 같은 말은 다음 말로 넘어가기 위한 징검다리 같은 말이기도 하다. 하지만 이런 쓸데없는 말로 연결하느니 차라리 침묵하는 편이 낫다는 점을 기억하자.

이야기 도중 몇 초라도 침묵하는 상황이 두려울 수 있다는 건 잘 안다. 하지만 청중은 그 침묵으로 당신을 낮게 평가하지 않는다. 오히려 침묵 후에 나오는 문구 하나가 듣는 이의 마음에 더 와닿는 법이다.

침묵은 커뮤니케이션이다

질문을 던진 후라면 특히 침묵해야 한다. "이것은 왜 그렇다고 생각하세요?"라고 질문했다면 상대방이 생각할 시간을 주길 바란다. "왜 그렇다고 생각하세요? 사실 이건~" 하며 틈을 두지 않고 정답을 말해버린다면 청중은 당신의 말을 따라가기 버겁다고 느낄 것이다.

질문한 후에는 대답을 생각할 수 있는 시간을 주고 기다리자. 이런 침묵은 커뮤니케이션의 일부다. 상대방에게 생각할 시간을 주지 않는 것은 청중의 존재를 부정하는 행동이다.

그리고, 강사에게는 자신이 하는 이야기가 익숙하다. 몇 번이나 똑같은 이야기를 해 왔으니 당연한 일이다. 하지만 당신에게는 당연하게 느껴지는 문장 한 줄이 이를 처음 듣는 청중에게는 이해하기 어려운 문장일 수 있다. 결정적인 문구에 근접할수록 문장 간에 여유를 주어야 한다. 그 몇 초 동안 청중은 들은 내용을 반추하고, 정리하고, 이해한다. 이때의 침묵은 청중이 당신의 이야기를 이해하는 데 쓸 시간을 제공해주는 셈이다.

중요한 문구 앞에 침묵을 넣는 것도 효과적이다. 당신이 가장 제대로 전달하고 싶은 내용이나 결론 문장을 말하기 전에 2~3초 정도를 침묵해 보자. 그러면 청중은 집중한다. '어? 뭐지?' 하며 청중의 주의가 환기되는 걸 실감할 수 있을 것이다. 예를 들어 특정 마케팅 기법을 적용해 판매하기 시작한 신제품의 판매 동향을 설명하는 상황이라면 이렇게 이야기해 보자.

"이런 과정을 거쳐 발매된 신제품은 지금 (2초 침묵) 정말 대박이 났습니다."

아무런 기능이 없는 말을 넓게 보면 "저기 말이죠", "그래서 말이죠", "요컨대", "말하자면" 등도 포함된다. 이런 말들은 뺐을 때 이야기에 긴장감이 살아난다. 이제까지 나는 "요컨대" 다음에 제대로 요약된 문장이 등장하는 걸 본 적이 없다. "요컨대"는 마음속으로만 중얼거리기 바란다.

또한 마치 유의어 사전이라도 펼쳐 놓고 있는 것처럼 비슷한 말을 첨가하는 화법도 피하는 편이 좋다. 예를 들자면 "여기에는 큰 효과, 메리트, 플러스 요소가 있습니다" 같은 말 습관 말이다.

가만히 듣기에도 괴롭고 메모를 하는 사람에게는 정말 성가신 말 습관이다. 이런 식으로 이야기하는 것보다는 최적의 표현 한 개를 힘주어 이야기하는 편이 몇 배는 더 듣기 좋고 명확하게 전달된다.

또 요즘 기상천외한 존댓말 표현을 듣곤 한다. 주로 고객에게 서비스를 제공하는 직원들이 이렇게 말하도록 교육받는 모양이다. 예를 들어 "주문하신 커피 나오셨습니다" 같은 식이다.

지나치게 소극적인 표현도 깔끔한 인상을 남기지 못한다. "그럼 이제 모임을 시작해도 되지 않을까 싶습니다"라는 말로 모임을 여는 사회자를 본 적이 있다. "그럼 이제 모임을 시작하겠습니다"라고 이야기하면 될 일이다. 그리고 자신의 의견을 말하면서 "~이 아닐까 생각하고 있습니다"라는 표현을 연발하는 사람을 보고 있자면 '이 사람 자신감이 없군', '확신이 없어서 나중에 수습할 여지를 만들어두는군' 하는 못 미더운 마음조차 든다.

(×) 오프라인 판촉행사 같은 것도 효과적이지 않을까 생각합니다.

(○) 오프라인 판촉행사가 효과적일 거라고 생각합니다.

(×) 점장회의를 열어 보는 방법 같은 건 어떨까요?

(○) 점장회의를 여는 게 좋겠습니다.

자신감 있게 단정 지어 말해야 신뢰를 받을 수 있다. 단정 지어
말하는 게 익숙해질 때까지 참도록 하자. 일단 익숙해지면 과거
의 말 습관이 부끄러울 것이다. 단 당신에게 당연한 일이 타인에
게는 당연하지 않은 일일 수 있으니 단정적인 말을 부드러운 어
투로 전달하는 법을 연습하도록 하자. 그 또한 듣는 이를 위한 배
려다.

07

1등 강사들이
가장 신경쓰는 말

본질적으로는 불필요한 문장이 제 기능을 톡톡히 하는 경우가 있다. 연결하는 말이 그렇다.

강연 개최측이나 강연자 본인은 그날 이야기할 내용이 어떤 내용이고, 어떤 목적이 있는 사람에게 가장 적합한지 등의 정보를 충분히 가지고 있다. 하지만 청중들도 이를 파악하고 있으리라는 법은 없다. 참여활동이 포함되어 있는 강연인지, 중간에 휴식시간이 있는지 없는지조차 알지 못하고 참석하는 경우가 많다.

사소한 듯하지만, 초반부에 이러한 사항을 확실히 전달해두면 청중의 만족도가 높아진다. 만족도 설문조사에서 "강연 진행이 확실해서 좋았다" 같은 평가를 적는 사람도 있다.

"오늘 두 시간 동안의 강연 주제는 여러분의 비즈니스 강점을 발견하는 것입니다. 오십 분 뒤에 십 분 쉬고 다시 오십 분 이야기 나누겠습니다."

슬라이드가 넘어갈 때
청중을 그 흐름에 태워주자

설명할 때 파워포인트 슬라이드를 이용하는 강사가 많다. 그런데 일단 다음 슬라이드로 넘겨 놓고 '여기서는 무슨 이야기를 해야 했지?' 하며 생각에 잠기는 강연자를 종종 보곤 한다.

청중 입장에서는 당황스럽다. 슬라이드가 바뀔 때마다 강연의 흐름이 툭 끊기기 때문이다.

사실 강연에 능숙한 강연자와 그렇지 않은 강연자는 슬라이드를 넘기는 기술에서 큰 차이를 보인다. 능숙한 강연자는 한 장의 슬라이드 내용을 다 설명하고 나면 다음 장의 슬라이드로 청중을 이끌어주는 말을 덧붙인다. "~하게 됩니다. 이것이 실무 현장에 적용되면 어떤 일이 벌어질까요? 그럼 우선 성공 사례부터 살펴보도록 하겠습니다"라고 말한 뒤에 성공 사례가 담긴 다음 슬라이드로 넘긴다.

그러면 청중은 새 슬라이드가 펼쳐지기 전에, 어떤 마음가짐으로 새 슬라이드를 보면 좋을지 자신의 생각을 준비할 수 있다. 생각을 준비하는 그 몇 초의 과정을 통해 청중은 자신이 강연 흐름을 제대로 타고 있으며 집중하고 있다는 느낌을 받는다.

"자, 그럼 대체 이런 일이 왜 벌어진 걸까요? 전문가들은 그 이유를 이렇게 분석했습니다."(슬라이드를 넘긴다.)

파워포인트 등 발표자 도구의 기능들을 활용하면 다음 슬라이드가 어떤 것인지 강연자는 알 수 있다. 이야기할 내용에 대한 메모도 기재해 참고할 수 있게 되어 있기 때문에 그다지 어려울 것이 없다.

단 몇 개의 짧고 사소한 문장들이지만 '이해하기 쉽게 설명하는 강연자'로 평가받는 데 막대한 영향력을 행사하는 중요 기술이다.

문장에서 조사는
잘못 쓰면 안 된다

A 씨는 영어를 배우면서 한 미국인 교수와 대화를 나눴다. 문법이 틀릴까 걱정하는 A 씨에게 교수는 "문법 같은 건 너무 신경 쓰지 않아도 괜찮아요. 그 부분은 의사소통에 그렇게까지 중요하지 않아요" 하며 타일렀다. 그러자 안심한 A 씨가 질문했다. "그

럼 전치사도 틀려도 되겠네요?" 그러자 교수는 대답했다. "그건 절대 안 돼요."

어떤 문법 실수도 용납하던 원어민 영어 선생님이 절대 용납하지 않는 단 하나의 실수가 바로 전치사 실수였던 것이다. 문장의 내용을 심각하게 오해하도록 만든다는 이유에서였다. 영어에 전치사가 있다면 한국어에는 조사가 있다. 조사는 절대로 잘못 쓰면 안 된다. 다음 두 문장은 조사만 바꿔 썼을 뿐인데 전혀 그 의미가 다르다.

"물고기에게 먹이를 준다."
"물고기를 먹이에게 준다."

방송 프로그램에 자주 등장하며 말하는 사람들을 주의 깊게 관찰해 보면 말을 잘하는 사람과 그렇지 않은 사람을 확실히 구별할 수 있는 기준은 바로 조사를 정확히 얼버무림 없이 사용하는지 여부다. 예를 들어 길에서 인터뷰에 응한 한 시민의 말을 살펴보자. "태풍 피해가 심한데 전기를 일상적으로 공급된다는 게 다행이에요."

친구와 잡담을 할 때라면 그래도 괜찮지만 공적인 자리에서 이렇게 말을 해버린다면 부끄러운 일이다. 물론 이야기하다 보면 조사를 틀릴 수도 있다. 그대로 계속 이야기했다가는 이상한 문장이 될 것 같을 때는 뒤에 이어지는 말을 조정하여 문법상 틀리지 않은 문장이 되도록 만들면 된다. 혹은 문장을 그대로 끊고 다시 얘기하면 된다.

"점심에 주신 도시락 너무 맛있었어요."
"점심에 주신 도시락의 … 맛에 놀랐어요."
"점심에 주신 도시락의, 아니 도시락이 정말 맛있었어요."

08

곤란한 Q&A
대처 매뉴얼

다양한 청중이 한자리에 모여 있으면 예상하지 못한 질문이 나와서 강연자를 난처한 상황에 빠뜨리기도 한다.

나도 한번은 캐치프레이즈 강연을 진행하던 중 마지막 질의응답 시간에 난감한 질문자를 맞닥뜨린 적이 있다. 강연 주제는 캐치프레이즈 작성법이었는데 질문자는 "어떻게 하면 책을 출판할 수 있나요?" 하고 질문해 왔다.

내가 아는 한도 내에서 답변은 했다. 질문과 답변이 세 번 정도 오갔을 때 주최 측 담당자가 "다른 분도 질문하고 싶어 하시니 마이크를 넘기겠습니다" 하며 중간에 끼어들었다. 그 질문자는 마지못해 자리에 앉았다. 다행이었다. 악의적인 질문은 아니었기에 그다지 큰 문제는 아니었다.

한번은 친환경 에너지에 관한 강연을 들으러 갔는데 그곳에서 공격적인 질문을 던지는 청중을 본 적이 있다. 실은 강의 내용이 광고 내용과 너무 달라 소화불량을 일으킬 것만 같은 강연이라고 나도 생각은 하고 있었다. 좋게 표현하자면 청중의 기대로부터 아주 먼 곳에 있는 강연이었다.

질의응답 시간이 되자 한 청중이 번쩍 손을 들더니 절대 웃어넘길 수 없는 악의적인 질문을 던져대기 시작했다. 당황한 강연자는 그저 "음. 그러니까 그건…"하며 들릴 듯 말듯한 목소리로 웅얼거릴 뿐이었다.

생각해 본 적 없는 걸 질문받으면
정직하되 요령 있게 말하자

사실 청중의 시간을 허비해버린 강연자가 나쁘다. 하지만 그곳에서 나와서 집으로 가는 길에 나는 생각에 잠기고 말았다. 만약 내가 그런 질문을 받는다면 어떻게 하면 좋을지를 생각했다.

더 심한 경우라면 그런 질문을 강연 중간에 손 들고 질문하는 청중이 언젠가는 생길지도 모른다. 혹은 순수한 의문으로 청중이 질문을 던졌는데 강연자의 통찰이 모자라 답변을 제대로 할 수 없는 경우도 있을 것이나. 그렇다고 거짓으로 답변할 수도 없는 노릇이다.

일단 통찰을 요구하는 고차원적인 질문을 받았는데 답하기 어렵다면 이렇게 대답해 보자. 일종의 요령이다. 솔직한 게 좋더라도 "모르겠습니다" 하는 건 강연자인 당신 자신의 가치뿐만 아니라 그 강연의 가치와 강연에 참석했던 청중들의 선택을 일거에 시시한 것으로 만들어버리는 대답일 뿐이다. 그러니 정직하되 요령은 부려야 한다.

"예리한 질문이 나왔네요. 사실 그 부분이 가장 큰 문제입니다. 그 점에 대해서는 저도, 그리고 여러분들도 앞으로 함께 생각해 나갔으면 좋겠다고 말씀드릴 수밖에 없겠습니다."

자신의 질문이 예리한 좋은 질문이라는 피드백을 받으면 질문자의 욕구는 절반 이상 충족된다. 큰 맘을 먹고 질문한 행위 자체를 강연자가 그대로 받아들여주었다는 만족감이 제대로 된 답변을 듣지 못했다는 불만감보다 높기 때문이다.

대답하기 곤란한 질문을 받으면 회피하자

강연 중간에 곤란한 질문을 던지는 사람이 있을 때는 어떻게 하면 좋을까? 이런 질문자에게 착실하게 대꾸하다보면 점점 깊은 수렁 속으로 빨려 들어갈 수 있다. 이럴 때는 피해 가야 한다. 그러니 이런 식으로 대답하자.

"독창적인 시점이네요! 훌륭해요."

그런 다음 "그 점에 대해 지금 답변을 드리다 보면 시간이 다 지나가 버릴 테니 강연이 끝난 후에 다시 이야기 나누시죠" 하며 강연을 이어가도록 하자. 이 또한 질문자를 추켜세우면서 다음 말을 하지 못하게 막는다는 점에서 앞서 이야기한 방법과 유사하다.

질문을 제대로 피하지 못하면 '강연자 대 질문자'의 직선적인 대결구도가 형성될 수 있다. 이럴 때는 다른 참가자에게 이야기를 돌려 그 구도를 삼각형, 사각형으로 변화시켜 나가는 방법을 사용해 보자. 발언권을 다른 청중에게 넘기면 일단 그가 어떤 대답을 하든 질문자의 화살은 피해 가는 셈이다.

"혹시 이와 비슷한 경험을 하신 분이 계실까요? 선생님은 어떠신가요?"
"여러분 생각은 어떠세요? 선생님은 무슨 의견 없으신가요?"

악의는 없지만 엉뚱한 질문이 나오는 경우도 있을 것이다. 혹은 강연자 나름의 사정 때문에 답변을 해주기 곤란한 질문이 나올 때도 있을 것이다. 이럴 때는 "아, 역시 그 부분에 대해 질문하시는군요. 이에 대해 이야기하기 위해서는 일단 ~" 하며 약간 거리가 있는 사안에 관해 당신의 의견을 이야기하는 상황을 만들면 된다.

그 질문이 주제에서 벗어난 질문이라는 사실은 알만한 사람은 다 안다. 또 당신이 내놓은 답변이 질문과는 전혀 관련 없는 내용일지라도 그 내용이 흥미롭다면 청중들은 그 이야기에 귀를 기울이는 자세로 태도를 전환할 것이다. 그리고 애초에 질문이 있었다는 사실 같은 건 잊어버리고 만다.

짧게 말하는 건
장담하는데 남는 장사다

"짧은 말 한마디를 만들기 위해서는 엄청난 센스가 있어야 하지 않나요?"

강연을 마친 뒤에 이런 질문을 자주 받는다.

"아닙니다. 센스 같은 건 없어도 돼요!"라고는 말하지 못하겠다. 거짓말이기 때문이다.

약간의 센스는 당연히 필요하다. 단 여기서 센스란 상대를 헤아리는 마음가짐을 의미한다. 곤란에 처한 사람, 문제를 안고 있는 사람의 마음에 과연 얼마나 다가갈 줄 아는가 하는 문제이기도 하다.

다시 말해 센스는 훈련으로 갈고닦을 수 있다는 말이다. 항상 준비하고 노력하자. 그리고 상대방의 입장에서 생각해 보는 일을 습관화하자. 그런 태도를 습득하면 당신은 문구를 추리고 다듬어 강력한 짧은 문구를 만들어 쓸 줄 아는 사람이 된다. 그러면 당신의 말은 상대방에게 제대로 전달되기 시작할 것이다. 그 변화를 당신 자신이 즉시 실감하게 될 것이다. 상대방에게 제대로 전달된 당신의 메시지가 누적되면 당신의 인생은 분명히 바뀐다. 이것이 바로 짧고 강한 말이 지닌 엄청난 에너지다.

나는 이 책을 선택한 당신이 이 에너지를 누리게 되기를 진심으로 원한다. 이 책에 여러 가지 생각거리와 전략들을 담아두었지만 그것들을 적용하기 이전에, 다음의 간단한 사이클 하나부터 시작해 보자고 생각하면 간편할 것 같다. 이 사이클이 습관으로 몸에 배도록 만들자. 장담하는데 남는 장사다.

생각한다 → 말한다 → 반응을 살핀다 → 다시 생각한다 → 다시 말한다 …

우리는 항상 우리의 말을 겸허하게, 그리고 비판적으로 인식해야 한다.

내가 한 말은 옳은 말이었나? 과연 가치가 있는 말이었나?

나 역시 그런 생각을 하며 이 책을 썼다. 지금까지 내가 집필했던 책에는 개인적인 이야기를 담은 적이 없다. 하지만 이 책에는 나의 부끄러운 점까지 모두 담았다. 부끄러운 과정을 거치며 내가 습득해 온 노하우들을 하나도 빠짐없이 모두 공유하겠다는 마음으로 집필했다.

부디 이 책을 통해 사회 곳곳에서 짧고 훌륭한 말을 해나가는 사람들의 멋진 메시지가 청중들의 귀를 사로잡을 수 있길 간절히 바란다.

옮긴이 김진연

성신여자대학교 경영학과를 졸업했고 한국외국어대학교 통번역 대학원 한일 국제회의 동시통역
학과를 수료했다. 현재 번역 에이전시 엔터스코리아에서 출판기획 및 일본어 전문 번역가로 활동
하고 있다. 옮긴 책으로 《50이라면 마음청소》《가치 있는 나를 만나는 20가지 질문》《논어의 인
간학》《돈키호테 CEO》등이 있다.

짧은 말이 무기가 된다

초판 1쇄 발행 2021년 2월 28일

지은이 유게 토루
펴낸이 정덕식, 김재현
펴낸곳 (주)센시오

출판등록 2009년 10월 14일 제300-2009-126호
주소 서울특별시 마포구 성암로 189, 1711호
전화 02-734-0981
팩스 02-333-0081
전자우편 sensio0981@gmail.com

기획·편집 이미순, 심보경 **외부편집** 한아정
마케팅 허성권 **경영지원** 김미라
디자인 유채민

ISBN 979-11-6657-006-3 03190

이 책은 저작권법에 따라 보호받는 저작물이므로 무단 전재와 복제를 금지하며, 이 책 내용의 전부 또는 일
부를 이용하려면 반드시 저작권자와 (주)센시오의 서면동의를 받아야 합니다.

잘못된 책은 구입하신 곳에서 바꾸어드립니다.

소중한 원고를 기다립니다. sensio0981@gmail.com